Serie LITERATURA · obras

© *El trabajo de Andrea* · Ignasi García

© *Prólogo* · José Sanchis Sinisterra

© Diseño de portada, colección y editorial:
Proyecto Ñaque, S.L.

Director de colecciones:
Fernando Bercebal Guerrero

Con la colaboración de

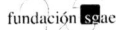

© De esta edición:
ÑAQUE Editora
Camino de los Bonetes, 24
28250 · Torrelodones
ESPAÑA

1ª Edición, 2024

Depósito legal M-9643-2024
ISBN 978-84-10217-02-7

Impreso en:
Gráficas Alto Tajo

El trabajo de Andrea

Ignasi García

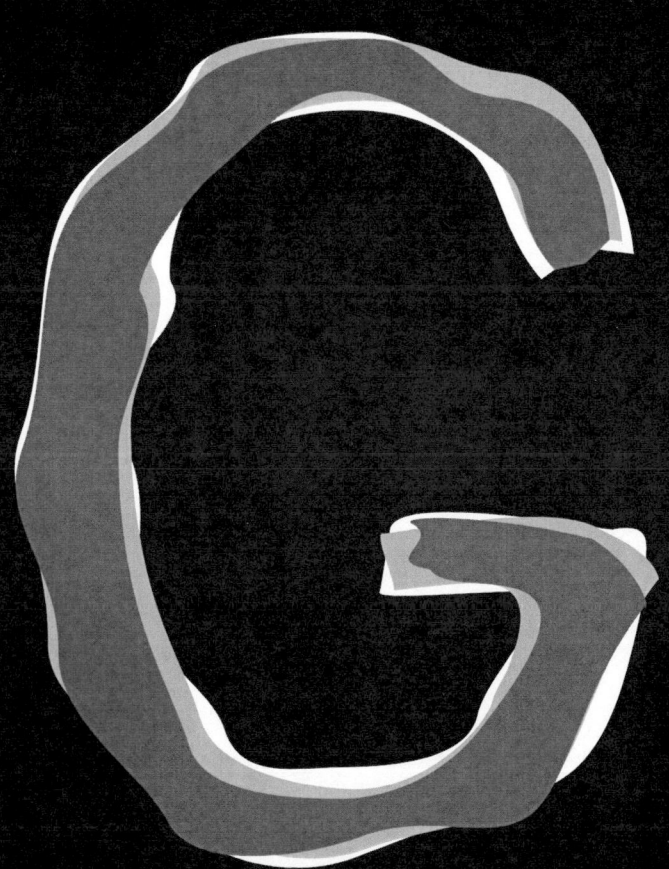

Ignasi García

ANDREA

El teatro occidental -y no solo- nace en la Grecia clásica como un crisol de la memoria colectiva, memoria que se destila, se encarna, se inventa e incluso se actualiza en la representación: actores y espectadores comparten, en el aquí y el ahora, jirones de un pasado -veraz o plausible- que corre hoy el riesgo de naufragar, zarandeado por una vertiginosa actualidad, por un culto desmedido al progreso que los medios de comunicación -al servicio del poder global- no hacen más que exacerbar. La historia de la literatura dramática, pues, está sembrada de obras que invocan, convocan y concitan el pasado para hacerlo presente, para hablar del presente, para alterar el presente... es decir: para provocar el futuro. O, dicho de otro modo, que recurren a la memoria para diseñar un mañana más habitable.

Porque la memoria no es un órgano, función o facultad de la mente destinado a registrar, archivar o almacenar el pasado. Es más bien un fluido, un circuito, una corriente capaz de conducir el pasado hacia el presente... y viceversa. Quizás por ello, "El trabajo de Andrea", pese a no basarse en unos hechos concretos, en unos personajes realmente existentes, apela vivamente a nuestra memoria para que unas circunstancias de nuestro pasado histórico real acepten dar posada a Andrea, Paula, Héctor, el Alcalde, Eugenia, etc., e incluso -¿por qué no?- a los siete sindicalistas cuyo rastro se pierde tras la diáspora desencadenada por la guerra civil...

+ + +

Desde la oscuridad del escenario nos llega una voz femenina y juvenil que dice hablar sumida en una blancura vacía. Esa voz, ese "idioma extraño", como un hilo de Ariadna, reaparecerá otras cinco veces para guiarnos por el laberinto de una trama a la vez rectilínea y compleja; rectilínea por implacable, compleja por su estructura fragmentaria y rizomática. Es la voz en off de Andrea, sí, varada en un umbral sin tiempo ni espacio, que solo al final de la obra se nos revelará sin ambages.

En el transcurso de la acción dramática -fraccionada en 20 escenas- se va clarificando el objetivo de Andrea, los obstáculos que se interponen en su tarea y las estrategias que debe intentar para sortearlos, así como los personajes favorables y adversos a sus propósitos ("ayudantes" y "oponentes", en la terminología de Yuri Lotman). Con una economía de medios realmente notable, Ignasi García logra evocar una más de las muchas heridas que la guerra civil española -y la posterior dictadura franquista- dejó sin cicatrizar.

Porque este es el "trabajo de Andrea" que da título a la obra: una tarea escolar para el último curso de bàchillerato en el Instituto de un pueblo o una pequeña ciudad de provincias... Tarea que se va transformando en una inquietante investigación llena de enigmas y riesgos, a medida que va resultando imposible "averiguar qué pasó con los que tuvieron que huir de aquí al final de la guerra civil, para ponerles una placa en el suelo, delante de su casa, la casa donde vivieron antes de irse" (como los Stolpersteine alemanes). Es una ardua pesquisa la que Andrea debe llevar a cabo, cotejando cartas, cuadernos e informaciones ambiguas, rastreando documentos en embajadas que parecen reacias a colaborar (Argentina, México, Suiza, Francia...) y percibiendo en su entorno una especie de "conspiración de silencio" y/o de franca hostilidad.

Entorno que, destilado en siete personajes, configura un microcosmos familiar y social suficiente para tomar el pulso a toda una colectividad (que puede ser la nuestra actual o la de hace diez, veinte o treinta años…), propensa a canjear algo que podría llamarse "dignidad" por cualquier tipo de "bienestar". O -como dice en la obra el ALCALDE- : "La gente quiere tranquilidad y que la dejen en paz. Quiere saber que pisa un terreno seguro, que el techo de su casa no le caerá encima de repente. La gente quiere cosas normales de personas normales…" Y también: "A la gente no le gusta remover el pasado. Sobre todo si pasaron cosas desagradables."

Frente a este conformismo, la indagación de Andrea va desvelando que ese pasado en el que pretende "localizar a todos los que se fueron del pueblo al final de la guerra civil" es, muy probablemente, una ficción urdida por los caciques locales -con la familia del actual alcalde entre ellos, sin duda-. De modo que el tema abordado por Ignasi García no se limita a rememorar el furor vengativo de los vencedores de la contienda civil, sino también a visibilizar la complicidad de la "gente normal" con las tropelías cometidas por ellos.

Esta capacidad del texto para evocar unas circunstancias históricas reales a partir de una trama imaginaria procede, sin duda, de la consistencia y complejidad de los personajes, así como de la sutileza con que el autor define los vínculos que los unen, tanto familiares como afectivos. Y tal sutileza viene dada por la dosis de ambigüedad con que dichos vínculos se expresan en sus diálogos… y en sus silencios. Sin duda, la maestría que Ignasi García demuestra en el cincelado de los personajes, así como la agilidad y economía con que transcurre la acción dramática, es fruto no solo de su ya abundante producción para la escena (una veintena de obras teatrales), sino también de una amplia experiencia como guionista de series televisivas, que reclaman una "agilidad narrativa" no siempre presente en los textos teatrales…

Otra singularidad de la obra tiene que ver con el tratamiento de los temas relacionados con la memoria histórica, cuya presencia en el nuevo panorama teatral español es ya notable. En las dos últimas décadas, autores y autoras de diversas generaciones -pero, en general, nacidos ya en democracia- son proclives a escribir sobre la guerra civil y la subsiguiente dictadura franquista. No podemos sino congratularnos de esta circunstancia. Pero cabría señalar una cierta uniformidad en el planteamiento del "macro-conflicto" que subtiende la gran mayoría de tales textos: los personajes pertenecen bien al bando de los vencedores, bien al de los vencidos, y esta dicotomía es, en general, la que articula las relaciones entre los personajes y el desarrollo de la acción dramática. Nada que objetar...

Pero lo interesante -y un tanto perturbador- de "El trabajo de Andrea" es que, bajo este "modelo actancial" (de nuevo Lotman), discurre una discreta -pero compleja- red de "micro-conflictos" familiares, sociales, afectivos, éticos, sexuales, económicos, etc., que afectan, en mayor o menor grado, no solo al futuro de los personajes, sino también, en cierto modo, ¡a su pasado! (Quede este acertijo como cierre de mis especulaciones sobre un texto al que auguro larga y próspera vida...).

José Sanchis Sinisterra

PREMIO DE TEATRO "CIUTAT DE SAGUNT" 2018

PERSONAJES

ANDREA

ALCALDE

PAULA

HÉCTOR

EUGENIA

JAIME

CARMEN

3 ENCAPUCHADOS

1. CARTAS DESDE BUENOS AIRES

VOZ EN OFF ANDREA (*A OSCURAS*) Blanco... Todo es blanco... No sé donde estoy, no recuerdo nada... No sé ni siquiera si hay algo que recordar. De vez en cuando me viene alguna imagen... confusa... un rostro que no reconozco... una voz que me resulta familiar y me dice algo... corto... muy corto... pero soy incapaz de identificarla... La siento lejos... muy lejos... pero no la entiendo, es como si me hablara en un idioma extraño. Y yo es como si no estuviera... Quizá estuve... una vez... Hace tiempo... O quizá no... No lo sé.

> *LUZ. ANDREA, TUMBADA EN UNA CAMA, ESTÁ RODEADA DE UN MONTÓN DE PAPELES QUE LEE ATENTAMENTE. ENTRA PAULA CON UNA BOLSA DE PLÁSTICO.*

PAULA ¿Todavía estás con eso?

ANDREA No lo entiendo: en esta carta le manda a su hermana su dirección exacta en Buenos Aires. Pedro Luque le dice que trabaja en un taller mecánico, que no se preocupe por él porque está muy contento. Y que cuando tenga suficiente dinero la vendrá a visitar. Pero después...

PAULA Ya me imaginaba que te encontraría así. Toma, te he traído un poco de cena que ha sobrado en el restaurante. Seguro que no te has preparado nada, ¿verdad que no?

> *SACA DE LA BOLSA UNA FIAMBRERA CON COMIDA Y CUBIERTOS.*

ANDREA No. Gracias.

PAULA No sé por qué has tenido que meterte en este lío. Y tampoco sé qué hago yo aquí a estas horas.

ANDREA En todas estas cartas Pedro le pone excusas explicándole que no puede ir. Una enfermedad... problemas en el trabajo... problemas de dinero por un gasto inesperado... pero lo más fuerte empieza aquí: en esta carta Matilde le dice que ella sí puede ir.

PAULA ¿Matilde es su hermana?

ANDREA Sí, Paula, su hermana. Estoy harta, ¿cuántas veces tengo que repetírtelo?

PAULA Oye, no te mosquees, yo no tengo la culpa de que las cosas no te estén saliendo como esperabas. Bastante hago ya aguantando que para ti esto sea lo más importante del mundo.

SE MIRAN EN SILENCIO. ANDREA SE VUELVE A REFUGIAR EN LAS CARTAS.

ANDREA Matilde le dice que quiere ir a Buenos Aires, que ella tiene tiempo y dinero. Pero él siempre le pone pegas. Le dice que no es el mejor momento... que está haciendo reformas en la casa y no tiene donde alojarla... que está pasando una mala época con su mujer...

PAULA Está clarísimo: no quería que fuera y no sabía cómo decírselo. ¡Qué cabrón! En lugar de ponerle excusas le podría decir directamente "mira, tía, no tengo ganas de verte el careto, ni ahora ni nunca, así que déjame en paz."

ANDREA Pero si es su hermana...

PAULA ¿Y qué?

ANDREA No sé... A veces eres muy dura.

PAULA Y tú demasiado blanda.

ANDREA	No creo que sea eso. Pedro es muy cariñoso siempre que escribe a Matilde. Pero cuando ella le comenta que quiere ir a verlo se pone nervioso, es como si escondiera algún secreto y no quisiera que su hermana lo descubriera.
PAULA	(*POR LA FIAMBRERA*) Come o se enfriará.
ANDREA	Quiero terminar de contarte esto.
PAULA	Primero come.
ANDREA	Pero es que...
PAULA	¡Me tienes harta! ¿Por qué nunca me haces caso?
ANDREA	¡Tú sí que me tienes harta! ¡No eres mi madre! ¡Nunca has creído en esto, no me has apoyado ni una sola vez! ¡Piensas que son tonterías sin importancia pero esto tiene mucha más importancia de lo que tu estrecho y pequeño cerebro es capaz de entender, porque no ves más allá de tu piso cutre y de tu restaurante y de tu grupito de amigos con los que te pasas el día bebiendo cerveza y hablando de chorradas! ¡Así que no me digas lo que tengo que hacer y métete la fiambrera donde te quepa!
	TIRA LA FIAMBRERA AL SUELO. SILENCIO TENSO. FINALMENTE PAULA COGE LA FIAMBRERA.
PAULA	Será mejor que me vaya.
	ANDREA, ARREPENTIDA, LA RETIENE AGARRÁNDOLA DEL BRAZO.
ANDREA	No. Perdona. Por favor, quédate.
PAULA	No tenía que haber venido.
ANDREA	Claro que sí. Tienes razón, si no me lo como ahora se enfriará.

ANDREA LE COGE LA FIAMBRERA Y EMPIEZA A COMER SIN DEJAR DE MIRAR A PAULA, QUE TAMBIÉN LA MIRA.

2. UN LAMENTABLE ACCIDENTE

CARMEN HABLA AL PÚBLICO. TIENE EN LAS MANOS UN FAJO DE CARTAS QUE SUJETA CON CUIDADO. A SU LADO, JAIME.

CARMEN   Es todo lo que tengo. 20 años de correspondencia de mi madre con su hermano, el tío Pedro. Ella no vivía en el pueblo cuando el tío huyó con los demás, trabajaba en la ciudad haciendo de planchadora y su marido era carpintero también allí. Voy a dárselo a Andrea.

JAIME   No sé por qué tienes que darle las cartas a esa mocosa, vete a saber qué hará con ellas, Carmen, no te puedes fiar de los jóvenes de ahora. Además, me han dicho que va con esa chica tan rara, Paula, que parece una delincuente, y seguramente lo será. (*AL PÚBLICO*) ¿O no es verdad? (*A CARMEN*) Si se las das, no volverás a verlas.

CARMEN   Andrea parece una chica muy responsable. Y si dice que es para un trabajo del instituto, es una buena razón para dejárselas. Sé que irá con cuidado. Fijaos en el matasellos, ¿habéis visto qué cenefa más bonita? Tened en cuenta que mi tío Pedro fue el único que escribió, del resto de exiliados no se supo nada, y lo poco que se sabe fue por lo que cuentan estas cartas: él en Argentina, uno en México, un par en Suiza, tres en Francia... y poco más. Seguramente los de Francia acabaron en un campo de concentración de los nazis, ya sabéis lo que pasó cuando esos desgraciados invadieron Francia y empezaron a detener a refugiados republicanos.

JAIME	¡Tonterías! Seguramente empezaron una nueva vida ahí donde fueron a parar y quisieron dejar atrás todo lo que habían vivido aquí. Cualquiera en su lugar habría hecho el mismo. (*AL PÚBLICO*) ¿A que sí?
CARMEN	Es una lástima que mi tío se muriera en Buenos Aires en aquel accidente de coche. A mí de jovencita me pasaba lo mismo que a Andrea, tenía curiosidad por saber qué había ocurrido con los que huyeron del pueblo cuando la guerra estaba ya perdida y los franquistas estaban a punto de entrar, por eso escribí a mi tío un par de cartas haciéndole un montón de preguntas. Si no se hubiera muerto a lo mejor me habría contestado y yo ahora podría ayudar mucho más a Andrea. En este fajo también está la carta que nos escribió su viuda, Consuelo, explicándonos cómo había sido el accidente y la agonía del tío en el hospital. ¡Pobre Consuelo! ¡Me da una pena leer lo que escribió...!
JAIME	Una mala puta.
CARMEN	¡No digas eso, Jaime!
JAIME	¡Una mala puta! Escribió cuando ya lo habían incinerado, no os dio ni la oportunidad de ir al entierro. ¡Eso no se hace! Y después, nunca más se supo. ¡Cómo si se la hubiera tragado la tierra! ¡Eso no se hace!
CARMEN	No le hagáis caso, siempre se empeña en ver el lado malo de las cosas, cuando quiere es muy negativo, no sé por qué aún le aguanto. En fin... Espero que estas cartas le sirvan a Andrea para algo.

3. EL HOMÍNIDO MÁS ANTIGUO DE EUROPA

EL ALCALDE REPASA DOCUMENTOS Y FOTOGRAFÍAS EN SILENCIO, PREOCUPADO. HÉCTOR, A SU LADO, INCÓMODO.

ALCALDE   ¿Esto es lo que ha conseguido hasta ahora?

HÉCTOR   Aún no sé por qué te he hecho caso.

ALCALDE   ¿De dónde ha sacado toda esta información?

HÉCTOR   No sé por qué lo he hecho. Si descubre que le he copiado los archivos sin su permiso se mosqueará.

ALCALDE   Has hecho lo que tenías que hacer. ¿Me puedes decir de una vez de dónde ha sacado toda esta información?

HÉCTOR   Fue a los sindicatos y consultó los archivos centrales.

ALCALDE   ¿Cómo lo sabes?

HÉCTOR   Porque yo la acompañé.

SILENCIO.

ALCALDE   ¿La estás ayudando?

HÉCTOR   Me lo pidió. ¿Por qué no iba a hacerlo?

ALCALDE   Tienes que convencerla de que lo deje.

HÉCTOR   ¿Por qué?

ALCALDE   No es bueno remover el pasado de este modo.

HÉCTOR   Sólo son datos de afiliación, fotocopias de carnés, fotografías antiguas... No son documentos secretos de Wikileaks...

ALCALDE   Si de verdad la aprecias, tienes que decirle que se olvide del asunto. Por su bien y por el de todo el pueblo.

HÉCTOR Se lo está currando, papá. No le puedo decir eso. Además, en el instituto todos los profesores están encantados.

ALCALDE Porque son todos de fuera, no hay ni uno solo del pueblo.

HÉCTOR Averiguar qué pasó con los que tuvieron que huir de aquí al final de la guerra civil, para ponerles una placa en el suelo, delante de su casa, la casa donde vivieron antes de irse. ¿Tan malo es eso? Cuando fuimos a Berlín vimos algo parecido y a ti te pareció muy bien.

ALCALDE No es lo mismo.

HÉCTOR ¿No sabes de qué te hablo? Cada placa estaba dedicada a una víctima de los nazis. Cuándo había nacido, dónde murió, a qué se dedicaba cuando...

ALCALDE Sí, las *stolpersteine*, ya sé qué quieres decir. Pero no es lo mismo, aquello fue un genocidio, crímenes contra la humanidad. Le tienes que decir que se olvide. Nos traerá problemas. Abrirá viejas heridas y todo el mundo dirá que la culpable es ella. ¿Es lo que quieres?

SILENCIO.

ALCALDE Los del instituto de Paleontología acaban de encontrar unos restos prehistóricos en el término municipal, muy cerca del torrente seco. Todavía los están estudiando, pero por lo que sé podría tratarse del homínido más antiguo de Europa, podría ser un descubrimiento tan importante como el de Atapuerca. Si convences a Andrea de que olvide lo de las placas, yo podría conseguirle información privilegiada sobre lo que están estudiando esos paleontólogos, informes confidenciales y cosas así, tengo acceso. Y le pondrían una matrícula de honor a su trabajo.

HÉCTOR   ¿Y por qué no me lo ofreces a mí?

SILENCIO.

HÉCTOR   ¿Es porque ella quiere ir a la universidad y yo no? ¿Porque no quiero estudiar Empresariales como hiciste tú? ¿Por eso no me merezco que me ayudes?

ALCALDE   Héctor, no dramatices, estás sacando las cosas de contexto y no...

HÉCTOR   Si quieres que Andrea lo deje díselo tú. Yo paso.

HÉCTOR LE QUITA AL ALCALDE LA DOCUMENTACIÓN QUE HA ESTADO MIRANDO Y SE VA.

Ignasi García

4. HORAS EXTRA

*ANDREA TERMINA DE COMERSE EL CONTENIDO
DE LA FIAMBRERA QUE LE HA TRAÍDO PAULA,
QUE HOJEA LAS CARTAS DE CARMEN SIN
MUCHO INTERÉS.*

ANDREA   Estaba muy bueno.

PAULA   Parece que tenías hambre.

ANDREA   ¿Lo has hecho tú?

PAULA   No. ¿De verdad estás tan harta de mí como dices?

ANDREA   ¿Qué?

PAULA   Ya me has oído.

SILENCIO.

ANDREA   No me apoyas.

PAULA   Robo comida del restaurante y te la traigo cuando tu madre hace turno de noche, porque te conozco y sé que cuando andas metida en algo te olvidas de todo, hasta de comer. ¿Eso no es apoyarte?

ANDREA   Tú ya me entiendes.

PAULA   No tengo un cerebro pequeño y estrecho como dices. Y quizá sí tengo un piso cutre y me gusta quedar con los amigos para tomarme unas cervezas. Pero no soy tan ingenua como tú, sé de qué va la gente, y más la de este pueblo. ¿Sabes qué es lo que no soportas? Que yo siempre tenga razón.

ANDREA   No tienes siempre razón, crees que siempre la tienes, que es muy distinto. ¿Por qué te parece tan mal que quiera averiguar qué fue de toda esa gente? ¿Y que, cuando se sepa, el pueblo

23

pida al ayuntamiento que ponga unas placas conmemorativas?

PAULA Lo que me parece mal es que le dediques tanto tiempo. Acabarás enferma.

ANDREA Yo no tengo la culpa de que encontrar información me esté costando tanto. Ahora no puedo rendirme.

PAULA Entre Héctor y esto, ya no nos vemos casi nunca. Y lo echo de menos.

ANDREA Yo también. Pero no ha sido sólo cosa mía. Nadie te pedía dejar los estudios y ponerte a trabajar como una esclava en esa mierda de restaurante.

PAULA Me pagan por mi trabajo. Y es de allí de donde te he traído la cena que te acabas de comer.

ANDREA No te enfades, Paula, sabes que no te lo he dicho con mala intención, es sólo que me sabe mal ver cómo te explotan. Y que una tía tan lista y tan inteligente como tú dejara los estudios.

PAULA ¿De qué cojones me serviría saber todo eso de los logaritmos? ¿O de los registros lingüísticos? ¿O el binomio ese de... cómo se llamaba...? Sí, mujer, el que le cayó la manzana en la cabeza...

ANDREA (*DIVERTIDA*) Newton. Y no le cayó una manzana en la cabeza, vio cómo caía y punto. Si le hubiera caído a la cabeza seguramente se habría quedado tan lelo como tú.

PAULA (*DIVERTIDA*) Mira quién habla. La que se lo cree todo, como esa vez que te dije que la corteza de pino le da mejor sabor a la comida y estuviste una semana metiéndote corteza de pino en los yogures.

ANDREA   (*DIVERTIDA*) ¡Yo entonces era muy pequeña!

> *LE LANZA UNA ALMOHADA.*

PAULA   ¡Para, que me despeinas!

> *ANDREA, DIVERTIDA Y PROVOCADORA, LE LANZA OTRA ALMOHADA.*

PAULA   Para, ¿eh? No me provoques o...

> *ANDREA, DIVERTIDA Y PROVOCADORA, LE LANZA OTRA ALMOHADA. PAULA, DIVERTIDA, SE LANZA SOBRE ELLA Y EMPIEZAN A GOLPEARSE CON LAS ALMOHADAS, GRITANDO Y RIENDO. FINALMENTE PAULA INMOVILIZA A ANDREA. AMBAS ESTÁN SOBRE LA CAMA Y SE MIRAN INTENSAMENTE, JADEANDO.*

EUGENIA (OFF) Ya estoy aquí, Andrea. ¿Estás en casa?

> *PAULA Y ANDREA SE SEPARAN RÁPIDAMENTE. ENTRA EUGENIA.*

EUGENIA   Hola, Paula, no sabía que estabas aquí. ¿Cómo te va por el restaurante?

PAULA   No me puedo quejar.

ANDREA   ¿Tú no tenías turno de noche?

EUGENIA   No. Hacía horas extra. ¿Has cenado?

ANDREA   Sí.

EUGENIA   ¿Seguro? Ya sabes qué te dijo el médico.

ANDREA   Que sí, tranquila. Paula te lo puede decir, cuando ha llegado yo estaba terminando de cenar.

PAULA   Es verdad.

> *SILENCIO.*

EUGENIA   ¿Te quedas a dormir?

ANDREA   Vamos, quédate, que hace tiempo que no lo haces.

PAULA	Es que... mañana tengo que madrugar y no os querría despertar...
ANDREA	¿Y qué? Yo también tengo que madrugar, tengo que coger el tren a las 8.
EUGENIA	¿El tren? ¿No hay clase mañana en el instituto?
ANDREA	Me han dado permiso para faltar a clase, tengo que ir a unos cuantos consulados por mi trabajo de investigación.
EUGENIA	Ese trabajo te está quitando demasiado tiempo.
ANDREA	No es verdad.
EUGENIA	Eso ya lo veremos cuando te den las notas.
ANDREA	Mis notas serán las de siempre, tranquila.
EUGENIA	Estás jugando con fuego, Andrea. Debes pensar en tu futuro. Las pruebas de acceso a la universidad son dentro de unos meses y le estás dedicando demasiado tiempo a esto.
ANDREA	Hay algo que no cuadra y quiero averiguar qué es.
EUGENIA	No me paso la vida haciendo horas extra para que tú te dediques a jugar a los detectives.
ANDREA	Es un trabajo obligatorio, mamá, tendría que hacerlo igualmente. Sobre este tema o sobre cualquier otro. Pero una vez elegido el tema, hay que ir hasta el final.
	SILENCIO.
PAULA	Es tarde. Tengo que irme.
ANDREA	¿Seguro que no quieres quedarte?
PAULA	Seguro.

ANDREA	Te acompaño a la puerta.

PAULA Y ANDREA EMPIEZAN A IRSE.

EUGENIA	Espera... (*LE DA LA FIAMBRERA Y LOS CUBIERTOS A PAULA*) Te dejas esto.
PAULA	Gracias.
EUGENIA	No. Gracias a ti.

5. EL BUEN PADRE

VOZ EN OFF ANDREA (*A OSCURAS*) Imágenes dispersas... Sólo duran un instante... No hay tiempo ni espacio... Aquí, allí, ahora, ayer, mañana... son sólo palabras vacías. Yo soy una palabra vacía. ¿Soy todavía algo o no soy nada? ¿Estoy muerta o todavía no? Viva no estoy... al menos no del todo. Las voces se empeñan en hablarme y yo todavía las oigo, no entiendo qué dicen, pero oigo algo, estoy segura. ¿O quizá ni siquiera eso es cierto? Quizá solo sea un espejismo de los sentidos, que desean creer que aún los alimenta un corazón que late... Se aferran a rostros y voces conocidas... sin pararse a pensar si lo que perciben es real... o solo es una especie de sueño... o de pesadilla.

> *LUZ. HÉCTOR ESPERA, IMPACIENTE. LLEGA ANDREA. LLEVA UN PLANO EN LA MANO.*

ANDREA ¿Hace mucho que esperas?

HÉCTOR Un poco.

ANDREA Perdona, no encontraba el plano de la ciudad. (*LE MUESTRA EL PLANO*) El consulado de Francia es el que está más cerca de la estación. ¿Quieres ir tú?

HÉCTOR Me da igual.

ANDREA Lo digo porque así no perderás mucho tiempo y podrás ir al Consejo Superior del Deporte...

HÉCTOR Ahí no se me ha perdido nada.

ANDREA ¿Pero no pediste cita?

HÉCTOR No me la dieron. Me dijeron que me mandarían la documentación por correo electrónico y ya está.

ANDREA ¿No les dijiste que era para tu trabajo del instituto?

HÉCTOR Sí. Y ya ves... A mí no me toman tan en serio como a ti. A lo mejor es porque eres una tía y eso te lo pone más fácil para que te hagan caso, no tengo ni idea...

ANDREA ¿Entonces por qué te vienes conmigo?

HÉCTOR Para ayudarte. Te dije que lo haría y de momento no te he fallado, ¿verdad?

SILENCIO. SE MIRAN. ANDREA LO ACARICIA.

ANDREA Gracias, pero no quiero que faltes a clase por mi culpa.

HÉCTOR Tranquila, ya sabes que yo no quiero hacer la selectividad, así que no tengo que ir de culo como tú.

ANDREA También hay que aprobar y sacar buenas notas para entrar en un Ciclo Superior.

HÉCTOR ¿Y que me dices de ti y de mí? Tenemos todo el día para estar juntos. Ya solo por eso merece la pena acompañarte. Vamos, dame un beso, que me lo he ganado.

ANDREA LE DA UN BESO LEVE Y CORTO EN LOS LABIOS, Y VUELVE A CONCENTRARSE EN EL PLANO.

HÉCTOR ¿Ya está? ¿Solo eso?

ANDREA Perdona, es que estoy con lo de los consulados, los quiero tener localizados en el mapa antes de que llegue el tren. A estas horas va lleno de gente y dentro no podré hacerlo. (*ESTUDIANDO EL PLANO*) El de México es el que está más lejos.

HÉCTOR	Últimamente estás un poco fría conmigo. ¿Te pasa algo?
ANDREA	No.
HÉCTOR	Si tú lo dices... ¿Qué quieres hacer exactamente en esos consulados?
ANDREA	Quiero que me ayuden a localizar a todos los que se fueron del pueblo al final de la guerra civil.
HÉCTOR	¿A todos?
ANDREA	A todos. Aurelio Fuentes, Miguel Carrero, Juan Bermúdez, Germinal Batista, Francisco García, Isabel Peñalba... Menos a Pedro Luque, que ya sabemos que huyó a Argentina y que murió allí. Tiene que haber un visado, un certificado de defunción, una carta de refugiado, una hoja de empadronamiento... cualquier cosa me servirá para saber qué pasó con ellos.
HÉCTOR	¿Todo esto para poder rellenar unas placas metálicas? Tiene razón mi padre, podías haber elegido hacer el trabajo sobre los restos que acaban de encontrar en el torrente seco...
ANDREA	¿De qué hablas?
HÉCTOR	Mi padre me ha dicho que unos paleontólogos han encontrado los restos de un homínido cerca del torrente seco. Parece que puede ser algo importante.
ANDREA	¿Tu padre preferiría que hubiera elegido hacer el trabajo sobre esos restos, y no sobre lo que estoy haciendo?
HÉCTOR	Yo no he dicho eso.
ANDREA	Lo has insinuado.

SILENCIO. SE MIRAN.

ANDREA   Héctor... ¿Hay algo que debas contarme?

HÉCTOR   No... Que te quiero. Y que pase lo que pase te apoyaré.

ANDREA   ¿Por qué le preocupa a tu padre que yo esté haciendo un trabajo sobre la gente que se fue del pueblo, para huir de las represalias franquistas?

HÉCTOR   No tengo ni idea.

ANDREA   Héctor... Si sabes algo, dímelo.

HÉCTOR   ¡Te digo que no tengo ni idea! ¿Por qué le das tanta importancia?

ANDREA   Tu padre es el alcalde del pueblo.

HÉCTOR   ¿Y qué?

ANDREA   Aquí hay algo que no cuadra, Héctor, siempre te lo he dicho. No es normal que de todos los que se fueron, sólo uno escribiera a la familia. Y que nadie en el pueblo quiera hablar de este tema. ¿Y si tu padre sabe algo?

HÉCTOR   ¿Por qué piensas eso?

ANDREA   Por lo que me acabas de contar.

HÉCTOR   ¡Pero si no te he contado nada!

ANDREA   Me has contado más de lo que crees.

HÉCTOR   ¡No me agobies! ¡Estoy aquí porque te quiero y porque quiero ayudarte! ¡Si te digo que mi padre no sabe nada, es que no sabe nada! Si no, me lo habría dicho, ¿no te parece? ¡Mi padre es buena gente, se preocupa por los demás! ¡No como el tuyo, que se largó y te dejó tirada!

SILENCIO.

HÉCTOR   Perdona, me he pasado. (*SILENCIO*) Lo siento, no quería decir eso... (*SILENCIO*) Por favor, Andrea...

HÉCTOR DA UNOS PASOS HACIA ELLA. ANDREA RETROCEDE.

ANDREA   No te acerques...

SE OYE EL PITIDO DEL TREN ACERCÁNDOSE. ANDREA Y HÉCTOR PERMANECEN INMÓVILES, MIRÁNDOSE.

6. LA CAJA DE PUROS

JAIME MIRA EL CONTENIDO DE UNA CAJA DE PUROS VIEJA -EL PÚBLICO NO VE QUÉ CONTIENE-. LLEGA CARMEN. JAIME CIERRA LA CAJA DE PUROS.

CARMEN   ¿No sientes curiosidad por lo que pueda descubrir Andrea?

JAIME   No.

CARMEN   ¿No te gustaría saber qué le dirán?

JAIME   Me da igual.

CARMEN   ¿De verdad no te interesa lo que pueda acabar descubriendo?

JAIME   ¿Eso hará que suban las pensiones?

CARMEN   No.

JAIME   ¿O que baje el paro?

CARMEN   Hombre...

JAIME   ¿O que nos pongan un Centro de Asistencia Primaria en condiciones?

CARMEN   No es eso, Jaime.

JAIME   ¿Entonces qué es?

CARMEN   No lo sé... Averiguar qué pasó. Por qué no se volvió a saber nada de ellos.

JAIME   No hace falta tener todas las respuestas.

CARMEN   Pero ayuda.

JAIME   Se largaron. ¿Qué más necesitas saber?

CARMEN   ¿Y si pasó algo que no sabemos? La gente del pueblo no habla de lo que pasó al final de la guerra. Cuando tú y yo nos casamos y me vine a vivir aquí, la gente no decía una palabra. Todo lo que sé es lo que contaba el tío Pedro en las cartas.

JAIME
Yo ya te expliqué todo lo que sé.

CARMEN
Tiene que haber algo más.

JAIME
Se puede vivir sin saberlo todo. Es lo que hemos hecho hasta ahora.

CARMEN
Tengo la impresión de que esa chica va a provocar una tempestad.

JAIME
Yo también. Y no me gusta.

CARMEN
A ti no te gusta nunca nada.

JAIME
Suerte que el alcalde vela por nosotros. Cuando llegue el momento, él sabrá qué hacer.

SILENCIO.

CARMEN
No sé por qué te empeñas en guardar esa caja de puros tan vieja. Pensaba que ya la habías tirado.

JAIME
Pues ya ves que no.

CARMEN
Nunca me has dicho qué guardas ahí.

JAIME
Puros.

CARMEN
No son puros, tú no fumas. ¿Qué guardas?

JAIME
Es para invitar a los que sí fuman.

CARMEN
Tú no invitas nunca a nada.

JAIME
A mis amigos, sí.

CARMEN
Tú no tienes amigos. ¿Qué guardas ahí?

JAIME
No te importa.

CARMEN
A veces eres tan desagradable...

JAIME
Ya te he dicho que se puede vivir sin saberlo todo.

CARMEN
Sí. Es lo que hemos hecho hasta ahora.

7. CONTRATO INDEFINIDO

*EL ALCALDE ESPERA. LLEGA EUGENIA. VISTE
BATA BLANCA Y LLEVA EL CABELLO RECOGIDO
DENTRO DE UN GORRO BLANCO DE TRABAJO.*

EUGENIA Me han dicho que quería verme.

ALCALDE ¿Cómo estás, Eugenia? ¿Va todo bien?

EUGENIA No me puedo quejar.

ALCALDE ¿Te gusta el trabajo?

EUGENIA No me puedo quejar.

ALCALDE Te entiendo. Hay cosas mejores que estar en una cadena de montaje.

EUGENIA También las hay peores.

ALCALDE ¿Ah, sí? ¿Cómo qué?

EUGENIA Estar en el paro, por ejemplo.

ALCALDE Eso no te lo discuto. Eres una mujer fuerte, Eugenia. Lo que haces es digno de elogio.

EUGENIA ¿Por qué lo dice?

ALCALDE Estás criando a tu hija tú sola.

EUGENIA No soy la primera ni seré la última.

ALCALDE Igualmente tiene mucho mérito. Tu marido se fue con el dinero de la mercería y de repente te viste con una mano delante y otra detrás.

EUGENIA Eso ya pasó.

ALCALDE Pero salir adelante tú sola, con todo lo que tuviste que cargar, sin la ayuda de un hombre...

EUGENIA ¿Qué quiere decir?

ALCALDE   Una mujer siempre necesita la ayuda de un hombre...

EUGENIA   Sí, igual que un pez la de una bicicleta.

SILENCIO. SE MIRAN.

ALCALDE   ¿Como está tu hija? ¿Ya está mejor?

EUGENIA   Andrea ya está bien, no hace falta que hablemos más del asunto.

ALCALDE   ¿Los médicos ya le han dicho que puede hacer vida normal?

EUGENIA   Está haciendo vida normal desde hace tiempo. ¿Héctor no se lo ha dicho?

ALCALDE   Lo que diga Héctor y lo que pueda decir un médico son cosas muy distintas.

EUGENIA   Pues ya se ha recuperado del todo. ¿Por qué quería verme?

ALCALDE   ¿Te molesta?

EUGENIA   Tengo una compañera en la cadena haciendo mi trabajo y el suyo. Y no le debe hacer mucha gracia.

ALCALDE   Siempre dices las cosas sin andarte con tapujos, es lo que me gusta de ti. No estoy acostumbrado, nadie en mi familia lo está. Todo el mundo nos habla midiendo siempre las palabras, como si tuvieran miedo a decir algo inconveniente que les pudiera cambiar la vida.

EUGENIA   No es mi problema. Allá ellos.

ALCALDE   ¿Tú no me tienes miedo?

EUGENIA   ¿Adónde quiere ir a parar?

ALCALDE   No te preocupes, no voy a hacerte nada. Mi hermano me ha hablado muy bien de ti, está muy contento. Dice que eres muy trabajadora, que no tienen que llamarte nunca la atención, que haces bien lo que se te encomienda, que te quedas a hacer horas extra, que te adaptas bien y sin protestar a los cambios de turno...

EUGENIA   Hago mi trabajo lo mejor que puedo, si es lo que quiere decir.

ALCALDE   Lo sé, lo sé. A mí la fábrica también me gusta, ¿sabes? A veces la echo de menos. Pero no se puede estar en misa y repicando. ¿No crees?

EUGENIA   ¿Perdone?

ALCALDE   Que uno no se puede dedicar a los negocios y a la política al mismo tiempo. Al menos oficialmente, y con la legislación que tenemos. Pero no te he hecho venir para hablarte de mí.

EUGENIA   Ya me lo imagino.

ALCALDE   ¿Te gustaría que te hiciéramos un contrato indefinido?

EUGENIA   ¿Qué?

ALCALDE   Pero no en la cadena de montaje. Allí desaprovecharíamos tus cualidades. Estarías en las oficinas.

EUGENIA   ¿Lo dice en serio?

ALCALDE   Haciendo tareas de administración, de recepción, de archivo... Lo hacías antes de que el banco te embargara la mercería, ¿no?

EUGENIA   Gracias. Yo... no sé qué decir.

ALCALDE   Y como subirás de categoría cobrarás más. Seguro que eso te irá muy bien cuando Andrea empiece la universidad. Porque Héctor me ha dicho que tu hija quiere ir a la universidad...

EUGENIA Sí.

ALCALDE ¿Y qué quiere estudiar?

EUGENIA Derecho.

ALCALDE Tienes suerte. Yo también quería que Héctor fuera a la universidad. Y que estudiara Ciencias Empresariales. Pero se le ha metido en la cabeza hacer no sé qué. Los hijos nunca salen como uno espera.

EUGENIA ¿Cuándo podré empezar?

ALCALDE Cuando te apetezca. Mañana mismo, si quieres. Pero... hay una pequeña condición.

SE MIRAN. SILENCIO.

ALCALDE Tienes que convencer a tu hija para que deje lo que está haciendo.

EUGENIA ¿Qué quiere decir?

ALCALDE El trabajo que está haciendo para el instituto. Tiene que olvidarse de él.

EUGENIA ¿Por qué?

ALCALDE No hagas preguntas. ¿No tienes bastante con lo que te acabo de ofrecer? Eres una buena mujer, Eugenia, una trabajadora excelente y una madre ejemplar. Mereces que la vida sea más amable contigo. Y sabes que si la vida es amable contigo, también lo será con Andrea, que no tiene la culpa de la mala suerte que has tenido, que es una chica brillante y se merece un futuro mejor que acabar trabajando en una cadena de montaje. Yo lo sé y por eso quiero ayudarte. La pregunta es: ¿me dejarás hacerlo?

SILENCIO.

EUGENIA   Le ha dedicado mucho tiempo y esfuerzo. Preguntó a la gente mayor del pueblo, consultó los archivos de la parroquia, del obispado, de los sindicatos... Y ahora está muy ilusionada esperando la respuesta de los consulados a los que fue.

ALCALDE   Haz que se olvide del asunto

EUGENIA   Pero con la información que le den los consulados...

ALCALDE   ¡En los consultados no le darán ninguna información! ¡Porque no encontrarán nada! ¿Lo entiendes? ¡Nada!

EUGENIA   ¿Cómo lo sabe?

ALCALDE   Haz lo que te digo, Eugenia. Y no hagas preguntas, se puede vivir muy bien sin saberlo todo. Y ahora... piensa en mi oferta. Pero recuerda que no se puede estar en misa y repicando.

EL ALCALDE SE VA.

8. PRÁCTICAS EN EL TRIBUNAL EUROPEO DE JUSTICIA

VOZ EN OFF ANDREA (*A OSCURAS*) Es como vivir... en un rayo... Un rayo que no se acaba nunca. Yo estoy dentro y todo... todo es blanco. No sé si todavía tengo cuerpo... ni voz... ni pensamientos... no sé si estos pensamientos son míos. Quizá pasan ante mí y yo solo... los contemplo. Y los repito para mí misma... O por si alguien me escucha... ahí fuera. No recuerdo como empezó todo... ni qué hago dentro de un rayo... Prisionera... No... no es eso exactamente. Pero algo me dice que tampoco estoy aquí... por gusto... Algo pasó... No lo recuerdo. Es... como si me estuviera volviendo transparente... Pequeña... y cada vez más transparente. Estoy aquí, pero nadie sabe que estoy aquí... Sólo el rayo... Que me engulle dentro de este color blanco que... que nunca se termina.

> *LUZ. ANDREA EN LA CAMA MIRANDO SU ORDENADOR PORTÁTIL, DESANIMADA.*

EUGENIA (OFF) Ya estoy aquí, Andrea. ¿Estás en casa?

> *ANDREA NO RESPONDE. CONTINÚA MIRANDO SU ORDENADOR PORTÁTIL, INMÓVIL. AL CABO DE UNOS SEGUNDOS ENTRA EUGENIA.*

EUGENIA ¿Algún problema?

ANDREA No me lo puedo creer...

EUGENIA ¿Qué ha pasado?

ANDREA Los consulados. No han encontrado nada. Ni el de Francia, ni el de Suiza, ni el de México... Es como si todas esas personas no hubieran existido nunca.

EUGENIA   Lo siento, hija. Pero ya sabes que te arriesgabas a que, tarde o temprano, te pasara esto.

ANDREA   ¿Qué quieres decir?

EUGENIA   Que a lo mejor tendrías que olvidarte ya de este asunto. Una tiene que saber cuándo decir basta.

ANDREA   ¿Quieres que me rinda ahora?

EUGENIA   Has hecho más de lo que habría hecho cualquiera. Tus profesores lo entenderán.

ANDREA   No pienso rendirme, mamá. Tiene que haber una explicación. En sus cartas Pedro Luque lo dejaba muy claro, uno de los exiliados se había ido a México, dos a Suiza, tres a Francia...

EUGENIA   Quizá lo dijo para no hacer sufrir a sus familias. Quizá no tenía ni idea de lo que les pasó a los demás. Y se inventó esta historia.

ANDREA   ¿Tú crees?

EUGENIA   ¿Cuánto tiempo tardé yo en decirte que tu padre se había ido? Estuve semanas diciéndote que se había ido por trabajo.

SILENCIO.

ANDREA   ¿Sabes qué pienso? Que quizá no se exiliaron. Y no se fueron al extranjero.

EUGENIA   ¿De dónde sacas eso?

ANDREA   De las cartas de Pedro Luque. Es posible que no las escribiera desde Buenos Aires.

EUGENIA   ¿Te has vuelto loca?

ANDREA   He estado buscando en Internet, mamá. Comparando los matasellos de todas estas cartas con los matasellos que usaban en Buenos Aires en esa época. Incluso he hablado por videoconferencia con la Casa de la Moneda. Y no tienen nada que ver. Esta cenefa, sobre todo, no tiene nada a ver. Así que...

EUGENIA ¡Basta! ¡Solo son suposiciones, quieres encontrar una excusa para seguir con esta historia de los exiliados!

ANDREA Pero si tú misma acabas de sugerir que quizás Pedro Luque mentía en sus cartas...

EUGENIA ¡Yo no he dicho que no se hubiera marchado a Argentina! ¡Eso ya me parecería demasiado retorcido!

ANDREA ¿No te parece raro que Pedro muriera justamente cuando su hermana insistía en ir a verle? ¿Y justamente cuando Carmen, su sobrina, le empezaba a hacer preguntas incómodas sobre sus compañeros de exilio? ¡Tenía un secreto! ¡Y no quería que lo descubrieran!

EUGENIA Has visto demasiadas películas. ¡Quiero que te olvides de esa historia! ¿Me oyes? ¡Olvídala!

ANDREA ¡No pienso hacerlo!

EUGENIA ¡Tienes que hacerlo, por tu bien y por el mío! Por favor, piensa en tu futuro y... No me hagas esto, tienes que pensar en tu futuro...

EUGENIA SE SIENTA, ABATIDA. SILENCIO.

ANDREA ¿Qué pasa? ¿Por qué te has puesto así?

EUGENIA Me han ofrecido un contrato indefinido en la fábrica.

ANDREA ¿Qué?

EUGENIA Pero no en la cadena de montaje. En las oficinas.

ANDREA	¿De verdad? ¡Qué bien!
	ANDREA LA ABRAZA.
EUGENIA	Todavía no he dicho que sí.
ANDREA	¿Y a qué esperas?
EUGENIA	¿Todavía te gustaría ir a hacer prácticas con una beca de esas al Tribunal Europeo de Justicia? Di.
ANDREA	Pues claro. ¿Por qué lo preguntas?
EUGENIA	Sólo quiero lo mejor para ti, Andrea. Pero no puedo hacer esto sin tu ayuda. Tienes que estar de acuerdo.
ANDREA	¿Con qué tengo que estar de acuerdo?
EUGENIA	Sólo me darán el empleo si te olvidas de tu trabajo.
	SILENCIO.
ANDREA	Es una broma, ¿no?
EUGENIA	Se trata de tu futuro.
ANDREA	¿Quién te ha hecho esta oferta?
EUGENIA	Eso no importa.
ANDREA	¡Si quieres que me olvide de todo para que te den ese trabajo, tienes que decirme quién nos hace esta putada!
EUGENIA	¡El alcalde! ¡Y no es ninguna putada! Tarde o temprano tendrías que dejarlo. Si lo haces ahora y podemos conseguir algo bueno a cambio...
ANDREA	¿Algo bueno? ¡No me hagas reír!
	ANDREA SE VA, OFUSCADA.

9. MANUALIDADES

JAIME   Sí, ya lo sé, debí tirar esta caja hace tiempo. Perdonadme. Pero es que aquí hay recuerdos de mi padre... también de mi juventud... Y me cuesta.

SACA DE LA CAJA UN CUADERNO VIEJO Y UN SELLO DE ESTAMPAR.

JAIME   Mi diario... los sellos de estampar... (*PAUSA. MIRA EL SELLO EN SILENCIO*). Todo era manual. Mi padre lo hacía muy bien, primero dibujaba la imagen que quería poner en el sello. Era complicado porque tenían que ser letras y números bastante pequeños. Después lo repasaba todo con un lápiz muy afilado y lo ponía boca abajo en una plancha de caucho. Lo prensaba y después, si hacía falta, lo volvía a repasar. Pero lo que a mí me fascinaba era el pulso que tenía con las gubias. Hay diferentes tipos de gubias, todo depende del uso que se les quiera dar, de la forma del mango, del material, del tipo de corte... Y según para lo que sirva cada una, se afila de manera distinta. Es todo un arte. Mi padre era un prodigio vaciando y rebajando el caucho con la gubia. Hay que tener muy buen pulso y mucha paciencia, es un trabajo delicado y minucioso. Después, cuando había terminado, cortaba una madera de marquetería de la misma medida del sello y lo pegaba. Pero claro, cuando vieron que con una carta al año no había suficiente y había que escribir dos o tres, mi padre decidió cambiar el sistema y encargó a un herrero de la ciudad un sello de estampar metálico al que se le pudiera cambiar la fecha, como los que usan en las oficinas de correos de verdad. Lo de la cenefa fue un capricho creativo. Y yo, cuando le sustituí, lo quise mantener.

GUARDA EL SELLO DE ESTAMPAR DENTRO DE LA CAJA DE PUROS.

JAIME No os preocupéis, me desharé de ella y nadie encontrará nunca nada. El Alcalde tiene razón, con todo el jaleo que está montando esa mocosa, es peligroso conservarla. Además, creo que mi mujer empieza a sospechar. Y sufre del corazón, no podría soportar la verdad.

10. UN FOCO INVISIBLE

PAULA, SENTADA EN SU CAMA, JUEGA CON UN MANDO DE LA PLAYSTATION EN LA MANO, MIRANDO AL PÚBLICO. LLEGA ANDREA, TRISTE.

ANDREA ¿Vengo en mal momento?

PAULA DEJA DE JUGAR.

PAULA ¿Qué ha pasado?

ANDREA No te quiero molestar. Si quieres me voy.

PAULA ¿Eres tonta? Cuéntame qué te pasa, tienes mala cara.

ANDREA Esto se está complicando mucho, Paula. Lo tengo todo en contra.

PAULA Me estás hablando de tu trabajo, ¿verdad?

ANDREA Ahora es mi madre. También quiere que lo deje.

PAULA Eso no es nada nuevo. Tiene miedo de que te emparanoies demasiado y no apruebes el curso con la nota que necesitas.

ANDREA No es eso. Le han propuesto trabajo fijo en la fábrica a cambio de que yo deje de investigar.

SILENCIO.

PAULA No me lo puedo creer...

ANDREA Ha sido el alcalde. Parece ser que lo que hago es más peligroso de lo que creía.

PAULA ¿Y Héctor que dice? ¿Te apoya?

ANDREA Él todavía no lo sabe. Te lo quería contar antes a ti. Ahora sé que este pueblo esconde algo, si no, las cosas no habrían llegado hasta este punto.

PAULA	¿Te pasa algo con Héctor?
ANDREA	No estamos hablando de eso.
PAULA	¿Te pasa algo o no?

SILENCIO. SE MIRAN.

ANDREA	Él me quiere ayudar, pone buena intención, pero yo... No sé... Me gusta, pero... no sé. Me esfuerzo en quererle, te lo prometo, porque se lo merece, pero... no conectamos.
PAULA	¿Como conectamos tú y yo, quieres decir?

SILENCIO. SE MIRAN.

ANDREA	No estamos hablando de eso.
PAULA	¿Entonces de qué estamos hablando?
ANDREA	Necesito destaparlo todo, tengo que saber por qué el alcalde tiene tanto interés en que deje de investigar, tengo que averiguar qué pasó con esa gente. Porque está claro que no huyeron al extranjero, nos han querido hacer creer que lo hicieron, pero no es verdad. Si ahora me rindo por lo de mi madre, el alcalde siempre podrá hacer con nosotras lo que quiera...
PAULA	Pero a tu madre le iría muy bien tener un trabajo fijo.
ANDREA	¿Qué estás insinuando?
PAULA	Que le hagas caso y lo olvides, Andrea. No merece la pena. Hagas lo que hagas todo seguirá igual, el poder siempre gana. El mundo es una mierda.

SILENCIO. SE MIRAN.

ANDREA (LLOROSA)	No, Paula... Tú no... No me hagas esto.
PAULA	Sólo te digo lo que pienso.

ANDREA	¿Sabes? Siempre te he tenido envidia, siempre te he visto más lista que yo, más guapa que yo...
PAULA	¿Qué?
ANDREA	Siempre he estado orgullosa de que fueras mi mejor amiga, no dejas nunca indiferente a nadie, ahí por donde pasas la gente se te queda mirando, es cómo si llevaras encima un foco invisible que siempre te ilumina sin tú saberlo...
PAULA	¿Pero qué estás diciendo?
ANDREA	Cuando dejaste el instituto pensé que tenía que haber sido al revés, que tenía que ser yo quien dejara los estudios, no tú. Hay una voz dentro de mí que no deja de gritarme que soy una mierda, ¿sabes? Y a veces me lo llego a creer, pero entonces llegas tú y te siento tan cerca... y entonces me veo capaz de todo, también de llevarte la contraria si hace falta. Pero hoy no me puedes decir que lo deje, que me olvide de todo... hoy no... No es lo que necesito...
PAULA	Por favor, no llores...

PAULA LE COGE LA CARA CON TERNURA PARA OBLIGARLE A MIRARLA.

PAULA	No llores. No quiero verte así.

SE BESAN.

11. LA BICICLETA Y EL GATO

VOZ EN OFF ANDREA (*A OSCURAS*) Veo caras... caras que quieren surgir de la claridad... También veo... lágrimas... sonrisas... ojos que me miran... el aire que mueve el gesto suave de... de una caricia... Sí, también veo eso. Y oigo el rumor de unas pestañas... que se abren y se cierran... y el olor de una piel que... que me resulta familiar. Y quiero creer que todavía existo... Pero no es así todo el rato... Casi siempre solo hay... silencio... Nada que ver... nada que escuchar... nada que oler. Y entonces todo me empuja al vacío. Pero de repente... cuando estoy a... a punto de rendirme a esa quietud... veo de nuevo las caras... las lágrimas... las sonrisas... el gesto de una caricia... el rumor de unas pestañas... el olor de una piel que me resulta familiar... como si un foco invisible lo quisiera iluminar... Y vuelvo de la nada.

> *LUZ. EUGENIA SENTADA EN LA CAMA DE ANDREA. EL ALCALDE, SENTADO EN UNA SILLA. ESPERAN. LLEGA ANDREA.*

EUGENIA Hay alguien que quiere verte.

> *EL ALCALDE Y ANDREA SE MIRAN.*

ALCALDE Sólo es una visita de cortesía.

EUGENIA Os dejo solos.

> *EUGENIA SALE. SILENCIO.*

ANDREA No tengo nada que hablar con usted.

ALCALDE No estoy de acuerdo.

ANDREA ¿Cómo se atreve a venir aquí, después de lo que le ha hecho a mi madre?

ALCALDE ¿Cómo te atreves tú a darle la espalda, después de lo que ella ha hecho por ti todos estos años?

ANDREA ¿Qué les pasó a esos sindicalistas? ¿Por qué quiere que deje de investigarlo? ¿Qué esconde?

ALCALDE Gobernar es una tarea muy ingrata, Andrea. Pero alguien tiene que hacerlo. ¿Y sabes qué he aprendido, después de gobernar tantos años este pueblo? Que la gente quiere tranquilidad y que la dejen en paz. Quiere saber que pisa un terreno seguro, que el techo de su casa no le caerá encima de repente. La gente quiere cosas normales de personas normales. Como tener un trabajo con el que poder enfrentarse al futuro y a la vida. Es lo que quiere tu madre. Y tú también quieres eso, si no, no estudiarías. En mi familia eso lo hemos tenido claro desde hace generaciones. Por eso montamos aquí la fábrica, para darle un futuro a la gente, la seguridad a la que todo el mundo tiene derecho. Y por eso yo he querido dedicarme a la política, para velar por ese futuro y por esa seguridad.

ANDREA ¿Y piensa que yo puedo poner todo eso en peligro?

ALCALDE ¿Te acuerdas de aquella vez que atropellaste a un gato yendo en bicicleta?

ANDREA ¿A qué viene ahora eso?

ALCALDE Solo lo vi yo. Y también vi que después lo escondías entre unas cañas. Y vi cómo su dueña salía de casa buscándolo y te preguntaba si lo habías visto. Estaba preocupada porque se le había escapado y era un gato acostumbrado a vivir dentro de la casa. Tú le dijiste que no lo habías visto. Y yo te seguí la corriente y no te delaté. ¿Lo recuerdas?

ANDREA	Fue un accidente...
ALCALDE	Pero lo mataste. Y escondiste el cadáver.
ANDREA	¡Fue un accidente! ¡Era una niña y estaba asustada! Todo eso pasó hace mucho tiempo.
ALCALDE	Pero veo que recordarlo todavía te incomoda.
ANDREA	¿Adónde quiere ir a parar?
ALCALDE	A la gente no le gusta remover el pasado. Sobre todo si pasaron cosas desagradables. La gente quiere que sus heridas cicatricen rápido y bien para poder seguir adelante. Lo que importa es el futuro, Andrea. No el pasado.
ANDREA	¿Me está comparando un gato con siete sindicalistas?
ALCALDE	¿Qué habría pasado, si le llego a decir a esa pobre mujer que mentías y que habías atropellado a su gato?
	SILENCIO.
ALCALDE	No te compliques la vida, Andrea. Ni se la compliques a los demás, nadie te ha pedido que remuevas cosas que nadie quiere remover. Aprovecha tu juventud y sé feliz. Quiere a Héctor y deja que él también te quiera, está muy enamorado de ti, nunca le había visto así. Disfruta del amor, Andrea, hazme caso. No todo el mundo tiene la suerte de que llame a su puerta. Y piensa también en todo lo que tienes, salud, inteligencia... y un futuro brillante, si tú quieres.
	ENTRA HÉCTOR.
HÉCTOR	¿Qué haces aquí?
ANDREA	Según él solo es una visita de cortesía.

HÉCTOR No le estarás calentando la cabeza con lo de su trabajo, ¿verdad?

ALCALDE Cumplo con mi deber, nada más.

ANDREA Yo también cumplo con mi deber.

HÉCTOR ¡Déjala en paz! ¿Me has oído? ¡Y deja de meterte en mi vida! ¡Ya te dije que pienso apoyar a Andrea en esto y en lo que haga falta! ¡Si te enfrentas a ella también tendrás que enfrentarte a mí!

ALCALDE No te pongas melodramático, esto es entre ella y yo.

HÉCTOR ¡Lo digo en serio, déjala en paz de una vez!

ALCALDE ¡No pienso irme de aquí hasta que ella me diga que...!

EL ALCALDE, TENSO, VA HACIA ANDREA. HÉCTOR LO EMPUJA HACIA ATRÁS.

HÉCTOR ¡He dicho que la dejes en paz!

EL ALCALDE CAE AL SUELO Y SE HACE DAÑO. HÉCTOR, ARREPENTIDO, VA HACIA ÉL.

HÉCTOR Perdona, yo...

ALCALDE ¡Déjame!

EL ALCALDE SE LEVANTA COMO PUEDE Y SE VA COJEANDO.

HÉCTOR Mierda...

ANDREA Lo siento...

HÉCTOR SALE TRAS EL ALCALDE.

12. LA CAJA ABIERTA

LA CAJA DE PUROS, ABIERTA SOBRE LA MESA. UNA LUZ CENITAL LO ILUMINA. JUNTO A LA CAJA ESTÁ EL CUADERNO VIEJO, LOS SELLOS DE ESTAMPAR Y UNA BANDERA DE FALANGE HECHA UN OVILLO.

JAIME (OFF) ¿Carmen? ¿Dónde estás?

ENTRA JAIME POR UN EXTREMO DEL ESCENARIO. VE LA CAJA ABIERTA. SE QUEDA INMÓVIL UNOS INSTANTES, MIRÁNDOLA. SALE APRESURADAMENTE POR EL OTRO EXTREMO DEL ESCENARIO, ALARMADO.

JAIME (OFF) ¡¡Carmen!!

13. VERDAD OCULTA

ANDREA ESCUCHA MÚSICA CON LOS CASCOS PUESTOS. ENTRA PAULA Y LA CONTEMPLA SIN QUE ANDREA SE DÉ CUENTA. FINALMENTE PAULA SE LE ACERCA POR DETRÁS Y LA ABRAZA. ANDREA SE APARTA, ASUSTADA.

ANDREA ¿Qué haces?

PAULA ¿Te he asustado?

ANDREA Estaba escuchando música.

PAULA Ya lo veo.

ANDREA ¿No tendrías que estar trabajando en el restaurante?

PAULA Es mi día libre.

ANDREA Ah...

PAULA LA ACARICIA. ANDREA INICIALMENTE SE DEJA, PERO FINALMENTE SE APARTA.

PAULA ¿Pasa algo?

ANDREA Hay novedades. Ayer el alcalde vino a verme a casa.

PAULA ¿Y qué quería?

ANDREA ¿No te lo imaginas?

SILENCIO.

PAULA Esto se está complicando cada vez más, ¿no te parece?

ANDREA Sí.

PAULA Yo ya te dije...

ANDREA Ya sé qué piensas, no hace falta que me lo repitas.

SILENCIO.

PAULA	¿Qué ha dicho Héctor?
ANDREA	¿Otra vez? Deja en paz a Héctor.
PAULA	¿No piensas hablar con él?
ANDREA	No hace falta, ya sé que me apoya. A él no le importa que yo vaya hasta el final. Me continuará ayudando hasta que averigüe qué les pasó a los sindicalistas.
PAULA	No te estaba hablando de los sindicalistas.
	SILENCIO. SE MIRAN.
PAULA	¿No piensas hablar con él?
ANDREA	¿Hablar de qué?
PAULA	Andrea...
ANDREA	No sabría ni por dónde empezar.
PAULA	Tú no estás bien con él. Y ahora ya sabes por qué. Cuanto más tardes, más difícil será.
ANDREA	No pienso decirle nada. Lo que pasó ayer no volverá a pasar.
PAULA	Pero en mi casa decías...
ANDREA	No volverá a pasar.
	SILENCIO. SE MIRAN.
PAULA	¿Por qué haces esto?
ANDREA	Es lo mejor para todos.
PAULA	¿Qué sales ganando? Te estás engañando. No hicimos nada malo.
ANDREA	Ya lo sé. Pero fue un error, estaba confusa. Ahora lo veo todo claro.
PAULA	¿Ah, sí? ¿Y qué ves?

ANDREA	Para mí eres una amiga. Nada más.
PAULA	No me lo creo. Tu boca dice una cosa. Pero tus ojos dicen otra. Y tu piel seguro que también.

PAULA LE ACARICIA LA PIEL DESNUDA DEL BRAZO. ANDREA SE APARTA.

ANDREA	Déjame.

DE REPENTE SE OYE RUIDO DE CRISTALES ROTOS Y UN GRITO.

ANDREA	¿Qué ha sido eso?
PAULA	No lo sé.
ANDREA	¿Ha sido aquí?

ENTRA EUGENIA, ASUSTADA, CON UNA PIEDRA EN LA MANO.

EUGENIA	¿Estás contenta? ¿Es esto lo que querías?
ANDREA	¿Qué ha pasado?
EUGENIA	¿A ti qué te parece? ¡La han lanzado desde la calle y han roto los cristales del comedor! ¡Yo estaba leyendo en el sofá, he tenido suerte de que no me hayan dado!
PAULA	Cabrones...
EUGENIA	Y todo por no querernos hacer caso ni a mí, ni al alcalde. ¡Déjalo ya de una vez! ¡La gente no quiere que continúes removiendo la mierda, ya lo has visto! ¡Si no quieres hacerlo por ti, hazlo por mí, no me merezco esto! No me lo merezco...

EUGENIA SE ECHA A LLORAR. ANDREA LA ABRAZA PARA CONSOLARLA.

ANDREA	También lo estoy haciendo por ti, mamá. Estoy cansada de obedecer. Y estoy cansada de verte

obedecer. Siempre son los mismos quienes dan las órdenes en este pueblo. Quiero ser libre, y quiero que tú también lo seas. Me da igual si hay gente que no quiere serlo, allá ellos. Pero nadie nos va a decir qué podemos hacer y qué no.

PAULA   Muy bonito. Quieres descubrir la verdad que todos esconden, pero quieres esconder tu propia verdad. Pues que te vaya bien.

PAULA SE VA.

EUGENIA   ¿Qué ha querido decir con eso?

ANDREA   Nada. Cosas nuestras.

14. UN REGALO INESPERADO

VOZ EN OFF ANDREA (*A OSCURAS*) En medio de este silencio... la soledad. Siento que... me acabo... que me disuelvo. Ya apenas soy yo. Pronto no seré nada... no seré nadie... No sé si es un castigo... pero no me importa. Existir cansa. Y yo quiero descansar... Descanso ya. Pero no como querría... todavía no. Algo me retiene todavía. Ya no hay caras... ni lágrimas... ni sonrisas... ni ojos que me miran. Todo se ha fundido en la claridad de... de este rayo que me atrapa... y que me envuelve... y que me hace vivir en él. Debería estar asustada como... como en una noche de tormenta. Pero ya no siento miedo... ni nostalgia... ni esperanza... ni nada. Por eso no sé qué hago todavía aquí, en este... espejismo de la mente. Ni cuánto llevo en él... Ni hasta cuándo tendré que estar... Quizá... quizá ya no tenga que moverme de aquí... Quizá no existir sea... eso... no saber si estás... o no.

> *LUZ. EUGENIA, COMPUNGIDA, ESTÁ SENTADA EN UN BANCO. SE OYEN CAMPANAS TOCANDO A DIFUNTOS. ENTRA ANDREA. EUGENIA Y ANDREA SE MIRAN. ANDREA SE SIENTA JUNTO A EUGENIA Y LE COGE LA MANO. PERMANECEN ASÍ UN RATO, SIN MIRARSE.*

EUGENIA   Era buena persona.

ANDREA   Sí.

EUGENIA   Cuando me quedé sola me ayudó mucho.

ANDREA   Ya lo sé.

EUGENIA   Los médicos le decían que tenía que cuidarse, pero Carmen no les hacía caso. Siempre hizo lo que le dio la gana, seguro que ha llevado la vida que quería. No todo el mundo puede decir el mismo.

ANDREA　　No. No todo el mundo puede decirlo.

EUGENIA　　Cuando yo me muera quiero que sea igual.

ANDREA　　No pienses en eso.

EUGENIA　　Quiero mirar atrás y poder decir que he vivido como quería. Que he llevado el timón de mi barco y no he sido un simple marinero. Pero no sé si todavía estoy a tiempo.

ANDREA　　Mamá, quiero decirte una cosa sobre lo que estuvimos hablando...

EUGENIA　　Ahora no, Andrea. No estoy de humor.

ANDREA　　Quizá tengas razón. Quizá una tiene que ser capaz de decir "basta". Quizá hacerse mayor quiere decir eso, saber cuándo tienes que parar, saber cuándo has ido demasiado lejos y has puesto en peligro cosas que no quieres perder. Quizá sea eso, ¿verdad?

　　　　　　SILENCIO. SE MIRAN.

EUGENIA　　O quizá no, hija. O quizá no.

　　　　　　EUGENIA SE LEVANTA Y SALE. ANDREA PERMANECE SENTADA UN RATO, PENSATIVA. FINALMENTE SE LEVANTA PARA SALIR TRAS SU MADRE, PERO TOPA CON JAIME, QUE ENTRA VESTIDO DE LUTO. LLEVA LA CAJA DE PUROS.

JAIME　　Te estaba buscando.

ANDREA　　¿A mí? ¿Por qué?

JAIME　　Gracias por ir al entierro.

ANDREA　　Es lo mínimo que podía hacer.

JAIME	A Carmen le caías bien.
ANDREA	Ella también me caía bien a mí.
JAIME	Te apreciaba más de lo que crees. Te veía como la hija que no tuvimos. ¿Sabes que Carmen y yo no pudimos tener hijos?
ANDREA	No, no lo sabía.
JAIME	Pues no pudimos.
ANDREA	Lo siento.
JAIME	Yo no. Siempre están incordiando, solo hay que mirar a tu alrededor. Los hijos solo sirven para eso, para incordiar a los padres. Pero Carmen no lo veía así.
ANDREA	¿Quiere que le devuelva las cartas?
JAIME	¿Las cartas?
ANDREA	Sí, las que ella me dejó. Las que... (*DUDA*) las que escribió su tío desde Buenos Aires.
JAIME	Su tío no estuvo nunca en Buenos Aires.

SILENCIO.

JAIME	Veo que no te sorprende mucho.
ANDREA	No.
JAIME	Eres a una chica muy lista. Carmen ya lo decía.
ANDREA	¿Quiere que le devuelva las cartas o no?
JAIME	No.
ANDREA	¿Entonces qué quiere de mí?
JAIME	Toma.

LE DA LA CAJA DE PUROS.

ANDREA   ¿Por qué me da esto?

JAIME   Carmen habría querido que lo tuvieras.

> *JAIME SALE. ANDREA PERMANECE EN ESCENA*
> *SUJETANDO LA CAJA, DESCONCERTADA.*

15. UN REFUGIO EN MEDIO DE LA TORMENTA

HÉCTOR SENTADO EN LA CAMA DE ANDREA. TAMBIÉN SOBRE LA CAMA, LA CAJA DE PUROS, QUE ESTÁ ABIERTA, Y UN MONTÓN DE OBJETOS ESPARCIDOS: LOS SELLOS DE ESTAMPAR, LA BANDERA ARRUGADA DE FALANGE Y GUBIAS. HÉCTOR, ABURRIDO, MANIPULA LOS OBJETOS. ENTRA ANDREA CON UN VASO DE AGUA, LEYENDO MUY CONCENTRADA EL VIEJO CUADERNO QUE HABÍA EN LA CAJA, Y SE SIENTA JUNTO A HÉCTOR SIN DEJAR DE LEER.

ANDREA   Qué fuerte, Héctor, este diario lo cuenta todo. Ahora entiendo por qué tu padre me presiona y por qué la gente está tan nerviosa.

HÉCTOR   ¿Ah sí?

ANDREA   Cuando sepa que tengo esto se mosqueará mucho. Tienes que convencerle para que hable conmigo y colabore. ¡Mira, mira, aquí lo dice bien claro! Justo antes de que entraran las tropas franquistas, unos cuantos cogieron a los sindicalistas por orden de... Toma, léelo tú mismo. Sólo de pensarlo...

ANDREA LE OFRECE EL CUADERNO A HÉCTOR.

HÉCTOR   Paso.

ANDREA   ¿No lo quieres leer?

HÉCTOR   Ahora no me apetece.

ANDREA   Pero hemos trabajado mucho para poder llegar a este momento.

HÉCTOR   Sí. Demasiado.

ANDREA   ¿Se puede saber qué te pasa?

HÉCTOR	¿Y se puede saber qué te pasa a ti?
ANDREA	¿Qué quieres decir?
HÉCTOR	¡Sólo vives para esto, parece que no haya nada más en el mundo! ¡Los sindicalistas de mierda y llevar la contraria a mi padre! ¡Para ti no hay nada más! ¿Pero y yo, qué? ¡Estoy en medio de vuestra guerra y a cambio no tengo ninguna compensación!
ANDREA	Te estoy muy agradecida, Héctor, ya lo sabes. Sin tu apoyo no tendría fuerzas para continuar.
HÉCTOR	¡Pues demuéstramelo, joder! Me tratas cómo si no existiera, últimamente no eres nada cariñosa conmigo, te cabreas enseguida por cualquier cosa... ¡Estoy harto!

ANDREA EMPIEZA A ACARICIARLO.

ANDREA	Te prometo que cuando esto termine lo celebraremos. Y no te arrepentirás de haberme ayudado.
HÉCTOR	¿Y por qué tenemos que esperar? Dices que con esto que te han dado ya quedará todo aclarado, ¿no? ¿Pues por qué no podemos celebrarlo ahora?
ANDREA	Tienes razón.

SE BESAN Y, SIN DEJAR DE BESARSE, SE TUMBAN EN LA CAMA. HÉCTOR SE DISPONE A DESNUDARLA, PERO DE REPENTE ANDREA SE INCORPORA.

ANDREA	Lo siento. No puedo.
HÉCTOR	¿Por qué?
ANDREA	Perdóname.
HÉCTOR	¿Qué pasa, Andrea?

SILENCIO.

HÉCTOR Andrea, ¿me lo quieres explicar?

ANDREA No es tan fácil. No lo entiendo ni yo.

HÉCTOR Inténtalo.

SILENCIO.

HÉCTOR Andrea, creo que me merezco una explicación.

ANDREA Quiero a otra persona.

SILENCIO.

HÉCTOR ¿Qué has dicho?

ANDREA Lo siento.

HÉCTOR ¿Quién es?

ANDREA Eso ahora no importa.

HÉCTOR ¿Cómo que no importa? (*PAUSA*) ¿Estás muy pillada?

SILENCIO.

HÉCTOR ¡Contesta! ¿Estás pillada, sí o no?

ANDREA ¡Sí!

HÉCTOR ¿Quién es?

ANDREA Mejor no preguntes.

HÉCTOR LE AGARRA CON FUERZA LA MUÑECA.

HÉCTOR ¡Dime quién es!

ANDREA Me haces daño.

HÉCTOR ¡Dime quién es!

ANDREA Paula.

SILENCIO.

HÉCTOR	¿Paula?
ANDREA	Sí. Paula.

SILENCIO.

HÉCTOR	¿Te gustan las tías?
ANDREA	Me gusta Paula. No, es más que eso, la quiero, ya te lo he dicho. Cuando estoy con ella el mundo se vuelve un lugar amable, es como cuando te pilla una tormenta en medio del campo y sales corriendo, y de repente, cuando piensas que no hay nada que hacer y cogerás una pulmonía, ves un refugio y entras, y hay un fuego encendido que te calienta. Paula para mí es eso. Y cuando la miro y la toco es como si todos los lagos y todos los bosques estuvieran dentro de ella, y noto el murmullo de las hojas y de las ramas columpiándose al viento, y siento que me columpian a mí también.

SILENCIO.

ANDREA	Lo siento.
HÉCTOR	¡Eres una hija de puta! ¡No vuelvas a hablarme en la vida! ¿Me oyes? ¡En la vida!

HÉCTOR SE VA.

16. TODO QUEDA EN FAMILIA

EL ALCALDE LEE UNA OCTAVILLA. LLEGA
ANDREA CON UN MEGÁFONO Y SE SORPRENDE
AL VERLE ALLÍ.

ALCALDE   Parece que no me esperabas.

ANDREA   ¿Viene a la reunión?

ALCALDE   No habrá reunión.

ANDREA   He repartido estas octavillas por todo el pueblo, claro que habrá reunión.

ALCALDE   Pierdes el tiempo, no vendrá nadie.

ANDREA   ¿Se niega a recibirme en el ayuntamiento y ahora se presenta aquí para decirme esto? ¿De verdad piensa que lo que pueda decirme me afecta? Pues no. Ya no. Le he dado la oportunidad de ser el primero en dar explicaciones. Si no lo ha aprovechado no es mi problema.

ALCALDE   Harás el ridículo.

ANDREA   ¿Sabe qué pienso? ¿Quiere que le diga por qué está aquí? Porque me tiene miedo.

SILENCIO. SE MIRAN. DE REPENTE ANDREA
EMPIEZA A HABLAR POR EL MEGÁFONO.

ANDREA   Vecinos y vecinas, os recuerdo que hoy estáis todos convocados para ir juntos hasta la fosa común donde están enterrados los siete sindicalistas del pueblo que fueron asesinados en 1939, y reivindicar a las autoridades públicas que sus restos sean exhumados.

CUANDO DEJA DE HABLAR, ANDREA MIRA EL
ALCALDE, DESAFIANTE.

ALCALDE   ¿Qué sales ganando con esto? Ya te lo dije, la gente quiere que las cicatrices se curen rápido y bien, para poder pasar página y vivir su propia vida. No la de los muertos. Además no puedes demostrar que hay una fosa común, sólo son suposiciones tuyas.

ANDREA   Ya no lo hago por los muertos. Lo hago por mí. Si no lo hiciera no podría mirarme al espejo.

ALCALDE   ¿Crees que a mí no me horroriza todo lo que pasó? ¿Toda la sangre que se derramó? Pero hemos intentado construir un futuro juntos a pesar de nuestras diferencias. ¿Y ahora quieres estropearlo todo?

ANDREA   ¿De qué futuro habla? Su familia extorsionó a la gente del pueblo, les dijo que si los sindicalistas que habían controlado la fábrica después de la colectivización no aparecían muertos, se la llevarían a otro lugar. ¡Jugó con su miedo y con su hambre! ¿Eso es construir un futuro juntos?

ALCALDE   Las tropas franquistas los habrían fusilado igualmente.

ANDREA   ¡Eso no fue Justicia, eso fue pura venganza!

ALCALDE   Mi familia no les obligó a apretar el gatillo. Lo hicieron porque quisieron.

ANDREA   ¡Porque si se llevaban la fábrica les condenaban a todos a morir de hambre! ¡Los puso entre la espada y la pared!

ALCALDE   ¡Es muy fácil acusar a mi familia ahora! Pero piensa que si la gente de este pueblo ha comido y ha podido vestir a sus hijos durante generaciones, ha sido gracias a nosotros. Y todo el mundo nos ha mostrado siempre su agradecimiento, salvo en esos años. Entonces el pueblo permitió que unos cuantos muertos de hambre nos quitaran lo que era nuestro, lo que habíamos levantado con nuestro dinero y nuestro esfuerzo. ¡Y encima tuvimos que sufrir la humillación de que un tribunal popular nos declarara fascistas! ¡Había que hacer algo para dar ejemplo y que aquello no volviera a pasar nunca más!

ANDREA   Lo que hicieron era legal, lo hemos estudiado, las colectivizaciones tenían el apoyo del gobierno republicano, y los trabajadores podían participar directamente en la gestión de las empresas.

ALCALDE   Todos esos a los que defiendes no eran tan buenos como piensas. Muchos hacían falsas acusaciones solo por venganzas personales, había detenciones sin justificar y ejecuciones basadas solo en rumores, mataban a curas solo por el hecho de serlo. Te declaraban enemigo de clase por el simple hecho de tener una fábrica y la policía política te llevaba a una checa para interrogarte o te llevaba a la prisión. Y eso en el mejor de los casos. ¿Quieres que siga?

SILENCIO. SE MIRAN.

ANDREA   ¿Cree que no he pensado en eso antes de venir aquí?

ALCALDE   ¿Entonces por qué lo haces?

ANDREA   Porque los de un bando están enterrados en el cementerio y sus familias pueden ir a llorarlos. Pero los del otro bando hasta ahora no sabíamos dónde estaban enterrados. Y sus familias no tenían adónde ir a llorarlos.

ALCALDE	Todos en el pueblo sabían que estaban muertos.
ANDREA	Es posible. Pero su familia hizo que los enterraran a escondidas en una fosa común y no quisieron decir nunca dónde estaba.
ALCALDE	Ellos se lo buscaron.
ANDREA	No fue Justicia, fue venganza. Y encima tuvieron la desfachatez de hacer creer a los que no eran del pueblo, que habían huido al extranjero. Esa ha sido la versión oficial hasta ahora. ¡Pero eso se acabó!

SILENCIO. SE MIRAN. EL ALCALDE MIRA EL RELOJ.

ALCALDE	Es tarde. Y no ha venido nadie. Yo ya te he avisado. Hazme caso: vuelve a casa y olvídate de este asunto.
ANDREA	No. Si hace falta lo haré yo sola. Cogeré una pala y cavaré hasta encontrar algo que demuestre que están enterrados allí.
ALCALDE	Ten cuidado con lo que haces, eso es propiedad privada, son terrenos de la fábrica. Y la ley es para todo el mundo.
ANDREA	Exacto: para todo el mundo.

ANDREA SE VA. EL ALCALDE SE QUEDA PREOCUPADO. FINALMENTE MARCA UN NÚMERO EN SU TELÉFONO MÓVIL.

ALCALDE	Carlos, soy yo, tienes que hacerme un favor.

MIENTRAS EL ALCALDE HABLA POR TELÉFONO, ENTRA HÉCTOR Y ESCUCHA SIN QUE SU PADRE SE DÉ CUENTA.

ALCALDE	(AL TELÉFONO) Tiene que ver con esa chica que anda metiendo las narices. (...) No, asustarla y ya

está. (...) Sí, es muy lista, pero si lo haces bien no tiene por qué pensar que... (...) Te digo que no tiene por qué atar cabos, tranquilo. (...) Oye, no me hagas esto, ya sabes que estos encargos te los pago muy bien y... ¿Carlos? ¡Carlos! ¡Mierda!

EL ALCALDE GUARDA EL TELÉFONO Y VE A HÉCTOR.

ALCALDE Héctor... ¿Cuándo has llegado?

HÉCTOR Hace un rato.

ALCALDE ¿Has oído algo?

HÉCTOR Creo que sí.

ALCALDE Héctor, no es lo que parece, sólo quiero...

HÉCTOR No hace falta que me des explicaciones.

ALCALDE ¿Qué?

HÉCTOR El tipo ese te ha dejado tirado, ¿verdad?

ALCALDE No sé de qué me hablas.

HÉCTOR Le estabas encargando un trabajo que tiene que ver con Andrea y él no lo quiere hacer.

ALCALDE Te digo que no sé de qué me hablas.

HÉCTOR Si quieres lo hago yo.

SILENCIO.

ALCALDE ¿Que has dicho?

HÉCTOR Ya me has oído. Si quieres lo hago yo. Así todo queda en familia.

SILENCIO. SE MIRAN.

17. EL PASAMONTAÑAS

> *ANDREA ENTRA CON UNA PALA EN LA MANO.*
> *SE PARA Y SACA UN PLANO DEL BOLSILLO.*
> *MIRA A SU ALREDEDOR. VUELVE A GUARDAR*
> *EL PLANO Y SE DISPONE A REANUDAR LA*
> *MARCHA. DE REPENTE LE CORTAN EL PASO 4*
> *ENCAPUCHADOS ARMADOS CON BASTONES.*

ENCAPUCHADO 1 ¿Adónde vas, tan sola?

> *ANDREA INTENTA HUIR, PERO SE LO IMPIDEN*
> *Y LE QUITAN LA PALA.*

ENCAPUCHADO 2 ¿Estás sorda? Mi amigo te ha hecho una pregunta.

ANDREA   Dejadme en paz.

ENCAPUCHADO 3 ¿Vas a hacer castillos de arena?

> *LOS ENCAPUCHADOS RÍEN. ANDREA NO*
> *RESPONDE.*

ENCAPUCHADO 4 Mi amigo te ha hecho una pregunta. ¡Responde!

ANDREA   No.

ENCAPUCHADO 1 ¿No, qué?

ANDREA   No voy a hacer castillos de arena. Por favor, dejadme en paz.

ENCAPUCHADO 2 ¿Sabes que estás tocando los cojones a mucha gente? Lo sabes, ¿no?

ANDREA   ¿Quiénes sois?

ENCAPUCHADO 3 Aquí las preguntas las hacemos nosotros.

> *MIENTRAS HABLAN, LOS ENCAPUCHADOS*
> *EMPIEZAN A EMPUJARLA, PASÁNDOSE A*
> *ANDREA ENTRE ELLOS COMO SI FUERA UNA*
> *PELOTA.*

ENCAPUCHADO 4 ¿Sabes que esto es propiedad privada?

ENCAPUCHADO 1 A nosotros no nos gusta que la gente entre sin permiso en una propiedad privada.

ENCAPUCHADO 2 Las leyes están para algo.

ENCAPUCHADO 3 ¿Quién te crees que eres, para saltártelas y hacer lo que te da la gana?

ENCAPUCHADO 1 Has hecho mal viniendo sola.

ENCAPUCHADO 2 No tendrías que haber venido.

ENCAPUCHADO 3 No. Porque ahora tendremos que darte una lección.

ENCAPUCHADO 4 Y no hay nadie para defenderte.

ANDREA, DESESPERADA, INTENTA HUIR DE NUEVO, PERO LOS ENCAPUCHADOS SE LO IMPIDEN. ANDREA EMPIEZA A GOLPEARLES.

ANDREA ¿Quiénes sois? ¡Dejadme en paz! ¡Yo no os he hecho nada!

ANDREA CONSIGUE QUITARLE EL PASAMONTAÑAS AL ENCAPUCHADO 2. ES HÉCTOR. ANDREA SE QUEDA PETRIFICADA.

ANDREA Héctor...

HÉCTOR Mierda...

ANDREA ¿Por qué, Héctor?

HÉCTOR Ya sabes por qué.

ANDREA No. Yo ya no sé nada...

LOS OTROS TRES ENCAPUCHADOS AGARRAN CON FUERZA A ANDREA, QUE GRITA Y SE REVUELVE INTENTANDO LIBERARSE INÚTILMENTE.

HÉCTOR ¿Qué hacéis?

ENCAPUCHADO 1 ¿Tú qué crees? Te ha reconocido.

ENCAPUCHADO 3 Ahora no podemos soltarla.

ENCAPUCHADO 4 Pero antes nos lo pasaremos bien un rato.

HÉCTOR   ¡No! ¡Soltadla! ¡Sólo teníamos que asustarla!

HÉCTOR APARTA A LOS ENCAPUCHADOS Y LES OBLIGA A SOLTAR A ANDREA. ANDREA LO APROVECHA Y, CON UN GESTO RÁPIDO, COGE LA PALA, LE DA UN GOLPE EN LA PIERNA AL ENCAPUCHADO 3 Y SALE CORRIENDO. PERO LOS ENCAPUCHADOS 1 Y 4 LA ATRAPAN.

ENCAPUCHADO 3 ¡Hija de puta!

ENCAPUCHADO 4 ¡Ahora sí que la has cagado!

LOS ENCAPUCHADOS 1 Y 4 LA ARRASTRAN FUERA DEL ESCENARIO. EMPEZAMOS A OÍR RUIDO DE GOLPES, BASTONAZOS Y LOS GRITOS DE ANDREA. EL PÚBLICO NO VE LO QUE SUCEDE. PERO HÉCTOR SÍ.

ENCAPUCHADO 1 (*DESDE FUERA*) ¡Te vas a enterar!

HÉCTOR   ¡Dejadla!

HÉCTOR SE DISPONE A SALIR DE ESCENA PARA PROTEGER ANDREA, PERO EL ENCAPUCHADO 3 SE ENCARA CON ÉL Y LO EMPUJA CON FUERZA PARA EVITARLO. MIENTRAS, SEGUIMOS OYENDO RUIDO DE GOLPES, BASTONAZOS Y LOS GRITOS DE ANDREA.

ENCAPUCHADO 3 ¡No te metas! ¡Esto ya no es cosa tuya!

DE REPENTE SE OYE UNA SIRENA DE POLICÍA ACERCÁNDOSE.

ENCAPUCHADO 4 ¡La policía! ¡Larguémonos!

LOS ENCAPUCHADOS SALEN CORRIENDO. HÉCTOR MIRA HORRORIZADO FUERA DE ESCENA, DONDE SE SUPONE QUE ESTÁ ANDREA, Y SALE CORRIENDO TRAS LOS ENCAPUCHADOS, OLVIDANDO SU PASAMONTAÑAS.

18. TODOS LOS LAGOS Y LOS BOSQUES

VOZ EN OFF ANDREA (*A OSCURAS*) El recuerdo del dolor... De mi cuerpo recibiendo... golpes y puntapiés. El sonido de los huesos crujiendo dentro de mí... allí... lejos... muy lejos... donde la gente anda y corre y ríe y llora y vive... Recuerdo el dolor... pero ya no lo siento. Y lo echo de menos... Echo de menos sentir dolor... Quizá estar vivo sea... eso... sentir dolor... Notar la sangre caliente derramándose por la piel... la sangre del cuerpo... pero también la del espíritu... una sangre sin color... sin tacto... sin olor... Pero que se escapa igualmente por... por heridas que no pueden verse. A mí ya no se me derrama nada. Me he vaciado... entera... por mis heridas. Y ahora sólo... soy un charco... sin color ni forma... dentro de un rayo inmóvil y blanco... Alguien decidió que fuera así... Alguien... Pero no yo.

LUZ. ANDREA, INCONSCIENTE EN UNA CAMA DE HOSPITAL, CONECTADA A UN RESPIRADOR Y A UNA VÍA INTRAVENOSA.

VOZ EN OFF ANDREA Y ahora sólo me queda... esperar. A que el rayo se apague... y todo sea oscuridad... a que las voces lejanas que oigo se alejen... aún más... hasta desaparecer. A dejar de pensar... espejismos. A dejar de ser... si es que todavía soy. No sé muy bien qué espero.

ENTRA PAULA. SE QUEDA MUY AFECTADA AL VER EL ESTADO DE ANDREA. LA OBSERVA UN RATO EN SILENCIO.

PAULA Madre mía... ¿qué te han hecho? (*PAUSA*) ¿Por qué no me pediste ayuda? ¿Eh? ¿Por qué? ¡Sabes que yo te habría acompañado! ¿Tan cabreada estás conmigo? (*PAUSA.*) Sí, ya lo sé, te dije que lo olvidaras, que no te complicaras la vida. Que el mundo es una mierda y que se buscaran la vida. Pero eres mi Andrea, te habría ayudado. Si lo llego a saber... no habría permitido que pasara todo lo que pasó en mi casa. Yo te habría seguido queriendo en silencio, como he hecho siempre, casi desde que éramos pequeñas, y ya está. Habría sido mejor eso que tu rechazo. (Pausa) Me dejé llevar. Las dos nos dejamos llevar. Pero parece que tú no estabas preparada para quererme cómo yo quería, como siempre había soñado. Si lo llego a saber...

PAULA, LLOROSA, LE COGE LA MANO A ANDREA CON FUERZA.

PAULA Por favor, no te mueras. Mándame a la mierda, si quieres, pero no te mueras. Necesito verte aunque sea de lejos, necesito saber que estás en el mundo, porque el mundo es un lugar más bonito si estás tú. Tú haces que vuelva a creer en las personas. Tu energía, tu ilusión, tu esperanza... todo en ti hace que yo siga creyendo en el futuro. (Pausa.) Cuando te miro y te toco es como si todos los lagos y todos los bosques estuvieran dentro de ti, no sé cómo explicarlo, tú te llevas mejor con las palabras que yo. Supongo que no lo puedes entender. Me gustaría que sí pudieras hacerlo, aquel día en mi casa soñé por un momento que estaba pasando, que tú sentías lo mismo. Pero después la realidad me cayó encima. (Pausa) No tengo ni puta idea de lo que estarás pensando en estos momentos, no sé si te estará gustando que te coja así la mano, como si me fuera en ello la vida, pensando que si la suelto me ahogaré en el mar. Pero me da igual. Te quiero y me da igual lo que pienses. Me da igual incluso que no me quieras. Sólo quiero que vivas. Que resistas y un día abras los ojos. Y poder mirarte, aunque tú no me mires a mí. (Pausa) ¿Sabes? Soy como esos sindicalistas que quieres desenterrar. Están muertos, pero si tú los desentierras les harás revivir. Hazlo también conmigo, Andrea. ¡Vive! Y me desenterrarás a mí también.

PAULA EMPIEZA A ACARICIARLE EL PELO A ANDREA.

PAULA Terminaré lo que has empezado. Sí, lo terminaré. No has llegado hasta aquí para rendirte, no permitiré que piensen que te han derrotado, que te han dejado así por nada. Te lo juro.

PAULA LE DA UN BESO EN LA FRENTE A ANDREA.

19. EL FIN DEL SILENCIO

EL ALCALDE CON HÉCTOR, QUE ESTÁ MUY NERVIOSO.

HÉCTOR   No entiendo por qué me llaman a mí primero.

ALCALDE   Eres el novio de Andrea y de momento la policía no tiene ninguna pista, es normal que quieran interrogarte.

HÉCTOR   ¡Yo no fui, te lo juro, yo sólo quería asustarla! ¡Fueron los otros! ¡Ellos le dieron la paliza! Yo intenté pararlos, pero...

ALCALDE   Tú no estabas con ellos, ¿me oyes? ¡Tú nunca estuviste allí! Estabas en casa conmigo. ¿Lo has entendido?

HÉCTOR   ¡La he cagado, papá, la he cagado hasta el fondo!

ALCALDE   Ya lo sé. Pero me tienes a mí y todo se arreglará.

HÉCTOR   ¡Estaba tan asustado que me dejé el pasamontañas allí! ¿Y si lo relacionan conmigo?

ALCALDE   Sí, eso podría traerte muchos problemas.

HÉCTOR   ¿Lo ves? ¡Me meterán en la cárcel! Es mejor que lo confiese todo, quizás si confieso...

ALCALDE   Cállate de una vez y coge esto.

EL ALCALDE LE DA DISCRETAMENTE EL PASAMONTAÑAS.

HÉCTOR   El pasamontañas...

ALCALDE   ¡Vamos, guárdalo! ¿A qué esperas?

HÉCTOR SE LO GUARDA EN EL BOLSILLO.

HÉCTOR   ¿Cómo lo has conseguido?

ALCALDE   Hay que tener amigos en todas partes. Incluso en la policía.

HÉCTOR   Esto no hace que me sienta menos culpable.

ALCALDE   Es mejor la culpa que la cárcel.

HÉCTOR   ¡Pero Andrea puede morir!

ALCALDE   Se te fue de las manos, pero esas cosas pasan. Si tienes tantos escrúpulos, ¿por qué te ofreciste a asustarla?

HÉCTOR   Estaba muy cabreado con ella.

ALCALDE   ¿Por qué?

HÉCTOR   ¡No te importa! ¡Estaba cabreado y punto!

                ENTRA PAULA. LLEVA UNAS CUANTAS PALAS.

PAULA   Estará contento, ¿no?

ALCALDE   ¿Qué quieres decir?

PAULA   Que es mucha casualidad que atacaran a Andrea justo cuando estaba a punto de demostrar que ahí hay una fosa común.

ALCALDE   En este pueblo no hay ninguna fosa común.

PAULA   Ya... Es lo que quiere creer todo el mundo. Lástima que Andrea no se lo creyera, ¿verdad?

ALCALDE   ¿Qué insinúas?

PAULA   No estoy insinuando nada, le estoy acusando directamente. Seguro que usted tuvo algo que ver con lo que le han hecho a Andrea.

ALCALDE   Estás loca.

PAULA   (*A HÉCTOR*) ¿Y tú no dices nada? Sabías que ella quería ir al descampado, ¿verdad?

HÉCTOR QUIERE HABLAR, PERO EL ALCALDE
SE LO IMPIDE.

ALCALDE   Héctor no tenía ni idea de lo que quería hacer Andrea. Ella no se lo contó. Por eso está tan afectado, porque si él la hubiera acompañado quizá todo esto no habría pasado. ¿Verdad, Héctor?

HÉCTOR Y EL ALCALDE SE MIRAN. HÉCTOR SE
ALEJA PARA NO TENER QUE HABLAR.

PAULA   Parece que no tiene ganas de hablar. No me extraña. A la hora de la verdad no ha sido capaz de protegerla.

HÉCTOR   ¡Cállate! ¡Cállate de una vez!

ALCALDE   ¡Héctor! ¡Tranquilízate!

SILENCIO.

ALCALDE   ¿Adónde vas con esas palas?

PAULA   ¿Usted que cree? (*PAUSA*) Pienso terminar lo que empezó Andrea.

ALCALDE   Eso es una propiedad privada, son terrenos de la fábrica. No puedes entrar sin permiso.

PAULA   ¡Me importan una mierda los permisos! ¡Además no pienso ir sola! ¡Si hace falta llamaré a todas las puertas de este pueblo asqueroso, hasta que encuentre a alguien que quiera acompañarme! ¡Aunque tenga que hacerlo día y noche!

ALCALDE   No grites, estás haciendo el ridículo y la gente nos mira.

PAULA   ¡Me da igual! (*MIRA AL PÚBLICO*) ¿Y vosotros qué miráis? ¿Aún no os habéis cansado de estar callados? ¿Tanto miedo os da que os echen de la fábrica por decir lo que pensáis en voz alta? ¡Todos habéis sabido siempre qué pasó! ¡Pero preferisteis mirar hacia otro lado y creeros lo que os decían! ¡Toda esa mierda de las cartas desde Buenos Aires! Era lo más fácil, ¿verdad? ¡Y mientras tanto, Andrea está en el hospital muriéndose! ¿Cómo lo podéis permitir? ¿Cuánta gente tiene que morir para que se les pueda hacer justicia a los muertos?

HÉCTOR   No puedo, papá, no puedo seguir callando...

ALCALDE   ¡No digas tonterías!

HÉCTOR   Todo por mi culpa... Yo lo sabía... Sabía lo que Andrea quería hacer...

PAULA   ¿Lo sabías? ¿Lo sabías y no la acompañaste? ¿Por qué? ¿No dices que la quieres tanto? ¿Entonces por qué no la acompañaste?

HÉCTOR   ¿Por qué no la acompañaste tú?

PAULA   ¡Tú eres su novio!

HÉCTOR   ¡Ya no! ¡Ella te quiere a ti!

SILENCIO.

HÉCTOR   ¡Ahora no te hagas la loca! ¡Seguro que ya lo sabías! Que cuando está contigo el mundo se vuelve un lugar amable... Que cuando te toca y te mira es como si... como si... ¡Eres tú quien tenía que acompañarla, no yo! ¡Tú eres quien no ha sabido protegerla! ¿Y sabes de quién tenías que protegerla? ¡De mí!

ALCALDE   ¡Basta, Héctor!

HÉCTOR   ¡De mí! ¡Porque hiciste que me cabreara tanto con ella que perdí el control! ¡Porque por tu culpa todo se ha ido a la mierda! ¡E hice cosas de las que ahora me arrepiento!

ALCALDE   ¡Cállate de una vez!

HÉCTOR   ¡No! ¡Quiero que lo sepa!

PAULA   Entonces... fuiste tú...

HÉCTOR   ¡No! ¡Fuiste tú! ¡La culpa es tuya! ¡Si no te hubieras metido en medio ahora Andrea estaría aquí, conmigo, y no en el hospital!

> *HÉCTOR SALE CORRIENDO. EL ALCALDE SE DISPONE A SALIR CORRIENDO TRAS DE ÉL.*

ALCALDE   ¡Héctor!

> *ENTRA EUGENIA, MUY SERIA, CORTÁNDOLE EL PASO AL ALCALDE, QUE SE PARA. SE MIRAN. DE REPENTE EUGENIA LE DA UN BOFETÓN AL ALCALDE QUE CASI LO TUMBA. A CONTINUACIÓN EUGENIA VA HACIA PAULA. SE MIRAN. EUGENIA LE COGE UNA PALA Y SALE POR EL OTRO EXTREMO DEL ESCENARIO. PAULA SALE DETRÁS DE ELLA.*

20. UN GESTO

ANDREA, INCONSCIENTE EN LA CAMA DE HOSPITAL, CONECTADA AL RESPIRADOR Y LA VÍA INTRAVENOSA. ENTRA PAULA CON UN PORTAFOLIOS EN LA MANO. OBSERVA A ANDREA UNOS SEGUNDOS DESDE LA DISTANCIA. FINALMENTE SE ACERCA A LA CAMA.

PAULA Lo has conseguido. Has terminado tu trabajo. Fui a exponerlo ante el tribunal, ¿sabes? Alguien tenía que hacerlo. Volver a pisar el instituto fue una sensación extraña. Estaba muy nerviosa, ya ves tú qué chorrada, me paso el día hablando en el restaurante con gente que no conozco, apuntando y sirviendo sus pedidos, quitándome de encima a los babosos que quieren ligar conmigo, y en cambio fue entrar en la sala de actos y echarme a temblar. Porque encima estaba llena, ¿sabes? Con todo el follón que se montó cuando abrimos la fosa común no es para menos. ¡Si hasta suspendieron las clases por si alguien quería oír mi exposición! Y yo ahí, en el escenario, cagada de miedo. Pero te prometí que terminaría lo que habías empezado y empecé a hablar. Primero leía tus apuntes. Me pasé toda la noche repasándolos, ¿sabes? Y al final me los sabía tan bien que ya no me hacía falta ni mirarlos. Te imaginaba entre el público, escuchándome, y quería que estuvieras orgullosa de mí. (*PAUSA*) Te han puesto una matrícula de honor, puedes estar contenta. Así que yo de ti me levantaría ahora mismo de esa cama y me pondría a gritar y a saltar como una loca.

PAULA MIRA A ANDREA EN SILENCIO.

PAULA ¿Por qué no me lo dijiste? ¿Por qué he tenido que enterarme por Héctor? ¡Y yo pensando que todo había terminado y que no querías saber nada más de mí!

PAULA LE ACARICIA EL PELO A ANDREA EN SILENCIO.

PAULA Siempre has sido igual. Siempre has hecho las cosas cuando te ha dado la gana, cuando pensabas que tenías que hacerlas. No cuando te lo pedían los otros. Me cabrea mucho que hagas eso. Pero también es lo que más me gusta de ti. (*PAUSA*) Te he traído una cosa.

PAULA DEJA SUAVEMENTE EL PORTAFOLIOS SOBRE EL PECHO DE ANDREA.

PAULA Son recortes de periódico. Han escrito un montón de artículos sobre ti, el pueblo se ha llenado de cámaras y de periodistas. Te comparan con una chica de la antigua Grecia, una tal... ahora no me acuerdo... Espera...

PAULA CONSULTA EL PORTAFOLIOS.

PAULA Ahora no lo encuentro. Al parecer le habían prohibido enterrar a su hermano muerto, pero ella lo hizo igualmente y le costó la vida. Tú en cambio has hecho lo contrario, has querido desenterrar a esa gente en contra de lo que quería todo el mundo... y también lo has pagado muy caro.

PAULA SE SIENTA JUNTO A ANDREA Y LA MIRA EN SILENCIO, MUY AFECTADA.

PAULA Los médicos dicen que ya no despertarás, que en cuestión de días, tú... Pero yo te pido un gesto, Andrea, un gesto cualquiera, por pequeño que sea, cualquier cosa que me diga que quieres seguir a mi lado, que no me dejarás sola, no quería perderte cuando pensaba que no me querías y ahora menos todavía, la vida no puede ser tan injusta, tú no tienes por qué acabar como esa griega, ¿o es que no ha cambiado nada desde entonces? Un gesto, Andrea, solo te pido eso. Solo un gesto.

PAULA LLORA Y HUNDE LA CARA EN EL CUERPO DE ANDREA. AL CABO DE UNOS SEGUNDOS ANDREA, SIN ABRIR LOS OJOS, LEVANTA MUY LENTAMENTE EL BRAZO Y POSA SU MANO SOBRE LA CABEZA DE PAULA.

OSCURO.

www.naque